改善上級講座
しくみ・しかけ・しそう

日本HR協会
東澤文二 著

まえがき

本書（改善上級講座）は、改善の専門誌「創意とくふう」の「核心」を再構成・編集して、テキストにまとめたものである。

今まで、

①「改善・基礎講座」（知恵を出す改善ノウハウ）

②「改善・応用講座」（改善レベルUPノウハウ）

――を刊行してきたが、この、

③「改善・上級講座」（しくみ・しかけ・しそう）

――をもって、「改善講座・3部シリーズ」として完結。

☆

「創意とくふう」誌は、一九八一年の創刊以来、30年以上にわたり、毎月、「イロイロな業種・さまざまな職種」における改善活動の「事例・情報・ノウハウ」を紹介してきた。

そのうち、特に「改善の実施・指導・推進に関するノウハウの骨格部分」をまとめたものが、この「改善講座・3部シリーズ」である。

もっとも、「骨格」ゆえに、いささか武骨で、堅苦しい内容となっている。そのため、実際の「改善の指導・推進」の活用に際しては、「自社の具体的な改善事例」や「創意とくふう」誌などで紹介の「他社・他業種・他職種」の「改善事例や推進実例」などによる「肉付け」が勧められる。

☆

「改善講座・3部シリーズ」で解説している「手っとり早い改善ノウハウ」は

「全業種・全職種・全階層」に対応している。その理由は、本書で詳しく説明しているが、簡単に言えば、「魚を与える」のではなく、「魚の釣り方＝改善ノウハウの提供」ということ。

「魚」とは「各業種・職種に固有の改善スキル・テクニック」など。スグ、役に立つが、それだけでは「状況の変化」に対応できない。「職種や業種」が異なると役に立たない、応用できない。

一方、「釣り方」とは「改善ノウハウと改善能力の開発」を意味している。「個別・固有のスキル」ではなく、「すべての業種・職種」に共通している「改善の原理・原則・考え方」である。それゆえ、「業種・職種」を超えて、応用できる。さらに、「仕事の環境・状況・条件」の変化にも対応できる。

☆

もちろん、そのようなことも「言葉の説明・だけ」では納得できないだろう。そのため、本書は「創意とくふう」誌における「イロイロな業種・さまざまな職種」での「改善活動を紹介した記事」のいくつかを収録している。

それらに、お目通しいただければ、改善というものが

①「あらゆる業種・職種」に展開されている

②「すべての業種・職種」に共通している

――ということを「実感→理解→納得」いただけるだろう。

☆

なお、本書では、もっぱら「改善ノウハウ」という用語を使い、「スキル」はほとんど使用していない。その理由は、左頁の要約文書「改善スキルと改善ノウハウの違い」を参照いただきたい。

スキルとノウハウの違いは？

スキル＝

How＝方法だけ

原理・原則の理解がないので
状況が変わると、役に立たない

ノウハウ＝

How＋Why

原理・原則を理解しているから
状況が変わっても対応できる

仕事をするには、マズ、スキル習得が不可欠。
だが、「スキル・だけ」では応用できない。その次には、

＊**ナゼ**、そうなるのか

＊**なぜ**、そうすべきか――という

Whyの追究で、**スキルをノウハウ化**。

真の能力＝改善能力の開発につながる。

もくじ

第1章

「改善思考」による改善の指導・推進

1

「改善的思考・改善的発想」は
マズ「分ける」&「分けてみる」から始まる

「改善的思考」、または「改善的発想」

——とは何か、それは、マズ、第一に
＊「分けること」
＊「分けてみること」
——である。

なぜなら、モノゴトは
＊「複数の要素」
＊「複数の要因」
——から成り立っているからだ。

それらを「分ける」ことなく、何もかも「一緒くた」にしてしまうと、訳がわからなくなる。

当然のことながら、

＊「どこに、目を着けるべきか」
＊「どのように、考えるべきか」
＊「どこから、手をつけるべきか」
——という
①**「着眼」**＝「眼の着け処」
②**「着想」**＝「発想・アイデア」
③**「着手」**＝「実施・実行・実現」
——の糸口がつかめない。

そのため、「問題」に直面すると、
＊「何をすべきか」
＊「何からすべきか」
——がわからないので、スグ、途方に暮れてしまう。

そして、条件反射的に、

「ムリだ」

「できナイ」

「不可能だ」

——と思い込んでしまう。

そのため、やってみれば、意外と、簡単に「デキるようなこと」までも、

「とりあえず、やってみよう」

「とにかく、試してみよう」

——という気持すら放棄してしまう。

そのような思考パターンに陥っている人に、「積極発想」や「ポジティブ思考」など難しいことを言ってもダメ。

たかが改善　されど改善

「小変＝小さな変更」の継続が
「大変＝大きな変化」につながる

とりあえず「分けてみる」

それより、「とりあえず、分ける」という「もっとも簡単な方法」を勧めるほうがいい。

とりあえず、その問題を

☆「デキること」
★「できナイこと」

――に「分けてみる」ことだ。

改善は、何も

＊「ムリなこと」
＊「できナイこと」
＊「不可能なこと」

――まで、やる必要はない。

とりあえず、「デキること」から、「デキるところ」まで「やる・やればいい」のが改善である。

それゆえ、マズ、

☆「デキること」
★「できナイこと」

――に、分ければ、即座に、改善に着手デキる。

分けてみる

なにしろ、改善は

◎「デキること」から、やればいい

●「できナイこと」は「後回し」

――で、いいのだから。

とりあえずの着手が「改善力の開発」につながる

しかも、とりあえず「デキること」から、やっているうちに、それまで「デキなかったこと」も、いつしか、「デキる」ようになる。

なぜなら、とりあえず、「デキる」ことから、「デキる」ところまで、やっているうちに

①「改善力」がついてくる

②「条件・状況」が変化してくる

――からだ。

つまり、

*「分ける」

*「分けてみる」

――という「もっとも簡単なこと」から始めることによって、

*「改善がデキる」

*「改善力がつく」

——ということ。

それが、

「分ければ、ワカる」

「分ければ、デキる」

と言われる所以である。

それはまた、

「分けなければ、何もワカラない」

「分けなければ、何もデキない」

——ということでもある。

☆

もちろん、世の中には
「分けられナイ」

「分けても、わからナイ」

——ものもある。

だが、そのような「厄介なもの」は
「後回し」でいい。「手っとり早い改善」

は、とりあえず、

「分けられるもの」

「分ければ、ワカるもの」

——から着手すればいい。

2

「改善的思考・改善的発想」による
改善的な改善の指導・推進ノウハウ

「分ける・分けてみる」という「改善思考・改善発想」の威力を改善活動の「指導・推進」に適用・応用してみよう。

「改善する人」と「改善しない人」の違い

改善を推進すべき「改善事務局」の多くが直面している「最大の悩み」はおそらく

＊「改善する人」
＊「改善しない人」

――が「分かれている」ことだろう。

あるいは、「件数目標」が厳しいと、「やらされ感」が蔓延していることではないだろうか。

そのような場合、改善思考のない「非改善的・改善事務局」は短絡的に、「これは、きっと賞金が少ないからだ。もっと高額にすれば、必ずや、みんな改善してくれるだろう」――と思い込む。

たしかに、「改善・不・活発」の「本当の原因」が「賞金の少なさ」にあるのなら、その対策は「賞金の増額」だろう。

だが、「真の原因」が別のところにあるのなら、いくら「賞金額」をイジっても、何の効果もない。

なぜなら、「原因」に対応してない「対策」は、すべて「ピント外れ」となるからだ。

実際に、改善の「奨金＝奨励金」が、まったく「ゼロ＝ナシ」でも、改善が盛んで、ドンドン改善されている会社もある。

逆に、最低賞金額が「5千円」と、かなり高額なのに、ほとんど改善がなされてない――という悲劇的な会社も

多々ある。

　この「事実・現実」からだけでも、「賞金」、あるいは「奨金」は改善を促進するための「ひとつの要素」だが、けっして、「主・要因」でもなければ、唯一絶対の「決定的・要因」ではない

——ことがわかる。

「改善意識が低い」から
「改善マインドがない」から

　すると、今度は、

＊「社員の意識が低いからだ」
＊「改善マインドがないからだ」
＊「意識教育がなってないからだ」

——などと、また別の「単一の要因」を持ち出してくる。

　このような短絡的な「思考のパターン」を「キメつけ型・思い込み型」という。これでは「的確な対応」はできない。

　なぜなら、

＊「意識が低いから」

*「改善マインドがないから」

——と「単一の要因」にキメつけてしまうと、その「対策」は、もはや「意識を高めるための教育・だけ」に限定されてしまうからだ。

「対策」とは「原因」の「裏返し」なので、「単一の原因」しか思いつかなければ、「単一の対策」となってしまう。

すると、それもまた「ピント外れの対策」となってしまう。

これが、

*「とりあえず、分ける」

*「とりあえず、分けてみる」

——という「もっとも簡単なこと・すら」しない人々が、いつも、いつまでも「ピント外れ」のことをやってしまう理由である。

☆

一方、「改善的思考&発想」のある「優れた改善事務局」なら、

*「なぜ、改善しないのか」

*「なぜ、改善を拒否するのか」

*「なぜ、改善に抵抗するのか」

——と、マズ、その「原因」を、いくつかの「要因」に分けてみる。

たとえば、
①「改善への関心」
②「改善への意欲」
③「改善の実施能力」
——などのように。

すると、ただ「意識が低いから」とキメつけた場合とは「異なる対応」となる。

なぜなら、「複数の要因」があれば、当然のことながら、それぞれに対応した「複数の対策」となるからだ。

なぜ、改善に「無・関心」か
なぜ、改善に「無・意欲」か

たとえば、「優秀事例・ばかり」を表彰したり、「優秀事例・だけ」を紹介している会社や職場では、「改善への関心・意欲」は、一部の「改善マニア」だけのものになってしまう。

なぜなら、多くの社員は「会社にとってメリットある改善」など、本気でやろうとしないからだ。

ところが、「社員にとってメリットある改善」、たとえば、

*「やり易化」

*「ラクちん化」

*「疲れナイ化」

*「モレない化」

*「モメない化」

*「間違えナイ化」

*「危なくナイ化」

*「イライラしない化」

*「バタバタしない化」

——などを数多く紹介し、それらを積極的に表彰したり、「認め・励まし・奨励している会社」では、「改善への関心・意欲」は高い。

なぜなら、普通の人なら、誰でも、

*「自分が得すること」

*「自分にとってメリットあること」

——に対しては「強い関心と意欲」を持っているからだ。

手っとり早い改善ノウハウの提供を

　また、「改善の意欲」はあるのだが、どこから手を着けたらいいか、わからナイので「改善しない・デキない」——という人もいる。

　このような人に対して、

「精神的な講話・訓話」

「改善意識を高めるための意識教育」

——などは、何の価値もない。

　むしろ、「逆効果」だ。なにしろ「本人のニーズ」でないものをムリに押しつけられるのだから。

　それよりも、

「具体的な改善ノウハウ」

「手っとり早い改善実施法」

——などの提供が必要だ。

　「対策」というものは、それぞれの「原因」に対応したものでなければ、まったく「意味がない」ことがわかるだろう。

3

「改善・教育研修」に必須の 3要素 WHAT・WHY・HOW

「改善の研修&教育」の「必須・3要素」

改善研修の「主・目的」は、ぞれぞれの状況に応じて、

＊「改善への関心&意欲を高める」
＊「問題の気づき力をつける」
＊「改善・実施力の養成」
＊「改善のレベルアップ法」

――など様々だ。

いずれにしても、「改善研修」を企画する場合、マズ、第一に、とりあえず、次の「3つの要素」に「分ける」べき。

それは、

①「WHAT＝改善とは何か」
②「WHY＝ナゼ、改善するのか」
③「HOW＝具体的な改善実施法」

――である。

なぜなら、

「改善がイヤ」
「改善をしない」
「改善がデキない」

――という人々の「原因」のすべては
この「3要素」の不理解に集約されるからだ。

WHAT 改善とは何か

多くの会社では、「改善とは何か」という「改善の意味・定義」がわかっていない人、あるいは、改善を「誤解＝誤って理解」している社員が、かなりいる。

たとえば、

「改善は、大変なことだ」
「改善は、会社のためにするもの」
「改善は、仕事とは別の余計なこと」

――など。

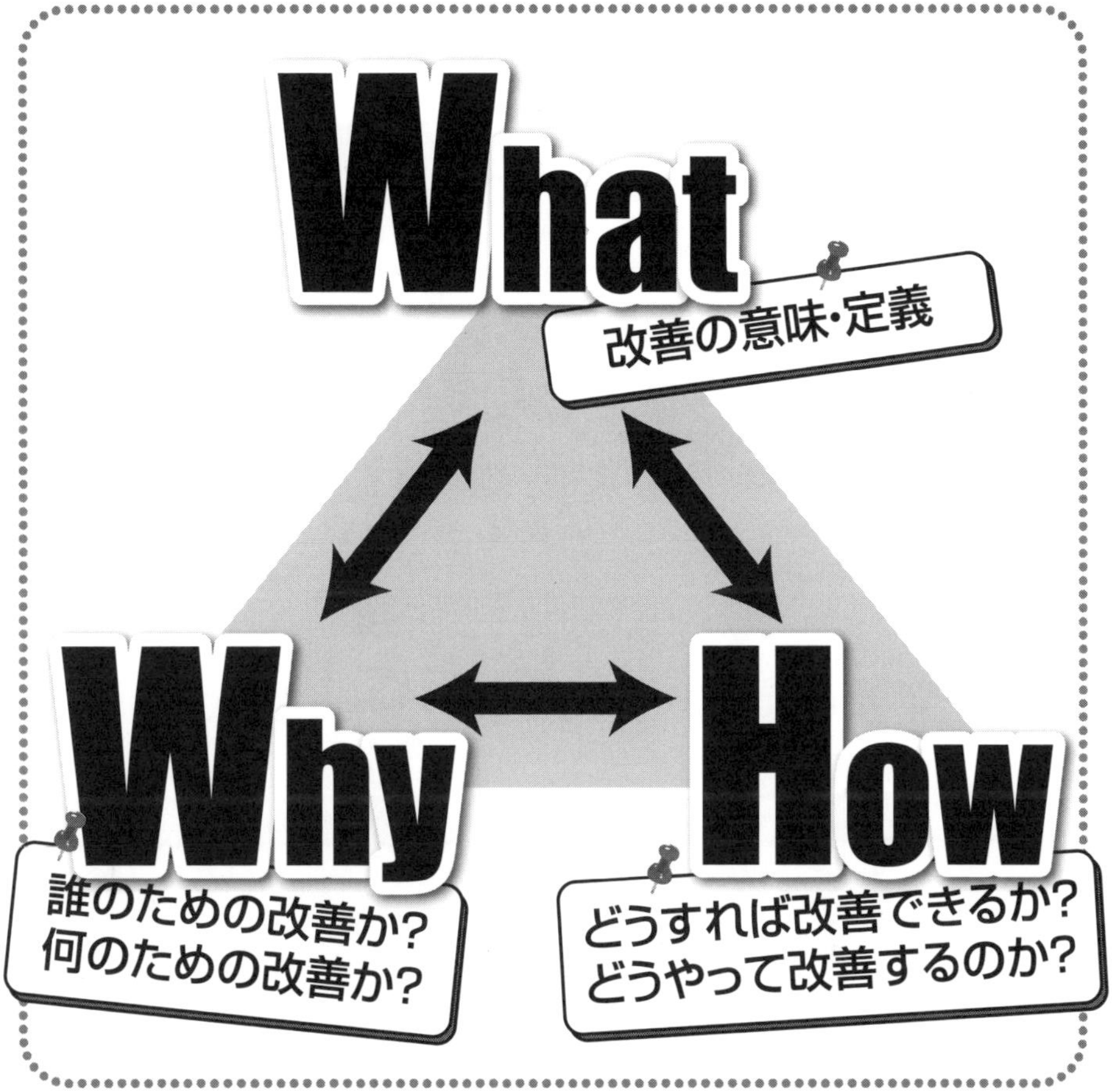

そのような人には、マズ、

「改善とは、**小変**である」

「改善とは、**手抜き**である」

「改善とは、自分の仕事の**ラクチン化**」

――であることを理解してもらわなければならない。

☆

ただし、これらを「言葉や理屈」で説明してもダメ。なぜなら、「言葉や理屈」は「カラ回り」するからだ。

必ず、絶対に、
＊「実際の」
＊「自職場の」
＊「具体的な」
＊「わかり易い」
＊「簡単な改善事例」
――を基に説明すること。

「実際の、具体的な、改善事例」を基にした説明によって、「改善の本当の意味」を「実感→理解→納得」できるからだ。

逆に言えば、「実感→理解→納得」に結びつかない「言葉と理屈だけ」の説

誰のための改善か？

明や研修など「まったくのムダ」。
むしろ、「逆・効果」である。

WHY
ナゼ、何のための改善か

「改善活動の指導・推進」のための「説明＆研修」においては、

＊「なぜ、改善するのか」
＊「なぜ、改善が必要か」

あるいは、

＊「誰のための改善か」
＊「何のための改善か」

――という「実感→理解→納得」が不可欠である。

なぜなら、人間は「自分が納得したもの」でなければ、けっして、意欲的に取り組もうとしないからだ。

社員の「改善のＷＨＹ」に関する「実感→理解→納得」が不充分な改善活動は、ただ「やらされ感」をもたらすだけ。

また、まかり間違っても、絶対に、

何のための改善か？

「改善の主・目的」を
＊「コストダウン」
＊「生産性向上」
＊「品質向上」
＊「収益増加」

——などといった「会社のため」という説明をしてはならない。

改善は、あくまでも、社員が
＊「自分のため」
＊「自分が得をするため」
＊「自分のメリットのため」
＊「自分の仕事のやり易化のため」
＊「自分の仕事のラクちん化のため」

——にするもの。

もちろん、「より良いやり方」への「変更・工夫」という改善があれば、「その結果」として、「会社」にも、「充分なメリット」をもたらすことは言うまでもない。

だが、「改善の主・目的」と「改善の副・産物」を、混同したり、間違ってはならない。

なぜなら、「やらされ感」が蔓延して

いる職場では、「会社のメリット・ばかり」が強調されているからだ。

「同族会社の経営者や幹部」ならばともかく、「大多数の普通の社員」が「会社のための改善」に

＊「本気で」
＊「意欲的に」
＊「継続的に」
＊「日常的に」

――「取り組む」とでも思っているのだろうか。

もちろん、この場合もまた「言葉と理屈」だけでなく、

＊「実際の」
＊「自職場の」
＊「具体的な」
＊「わかり易い」
＊「簡単な改善事例」

――を基に、

＊「自分のため」
＊「自分が得をするため」
＊「自分のメリットのため」
＊「自分の仕事のやり易化のため」
＊「自分の仕事のラクちん化のため」

――の「改善であることの説明」が必要だ。

なぜなら、「言葉と理屈」だけで、いくら「自分のための改善」と力説されても、それらは

＊「偽善的で」
＊「ウソっぽく」
＊「押しつけがましい」

――ので、「実感→理解→納得・できナイ」からだ。

HOW
どうすれば、改善デキるか

改善の「ＷＨＡＴ」と「ＷＨＹ」が「実感→理解→納得」されても、それだけでは、まだ「改善の実施」はデキない。

「どうすれば改善デキるか」という「具体的な方法」が必要だ。それによって、初めて、「改善のエンジン」がかかり、改善活動が動き出す。

「改善のＷＨＡＴとＷＨＹ」を説明しただけで、その後、

＊「改善活動が進まナイ」
＊「誰も改善してくれナイ」

――などと嘆いているのは、あたかも「自動車」を眺め「自動的に動かない」と言っているようなもの。

「自動車」は、けっして「自動的に動くもの」ではない。人間が「エンジン・スイッチ」を入れ、アクセルを踏まなければ動かない。「自動・車」とは言うものの、本当は「他動・車」なのである。

☆

改善も同様だ。改善の「ＷＨＡＴとＷＨＹ」が「わかった・だけ」では、実施に結びつかない。

＊「何を、どう、すればいいのか」
＊「何を、どう、変えればいいのか」

――という具体的な「改善の実施ノウハウ」が必要。

といっても、それは、けっして難しいことではない。もちろん、「仕事のや

改善の方程式

問題の裏返し

困った→困らナイ化

原因の裏返し

間違える→間違えナイ化

り方」を、「大きく変える」という「大変」なことを実施するには「大変なノウハウ」が必要だろう。

しかし、改善は「仕事のやり方」を、「小さく変える」という「小変」に過ぎない。その「実施ノウハウ」も簡単なものである。

「改善の方程式」と「改善の定石」

世の中には、イロイロな「改善ノウハウ」や「改善手法・技法」がある。もちろん、それらをじっくり勉強するのは、けっしてムダではない。

だが、「手っとり早い改善」を「手っとり早く実施する」には、アレコレ勉強するよりも、マズ、

＊「もっとも簡単で」
＊「もっともワカリ易く」
＊「もっとも効果的な改善ノウハウ」

——が勧められる。

それは

①「問題」を「裏返す」
②「原因」を「裏返す」

――という「改善の方程式」である。

「方程式」とは、一般的に「このようにすれば、誰でもデキる」という手順を示すもの。

よって、改善も「改善の方程式」に従えば、誰でも、簡単に、スグ、実施できる。

「困った」ら「困らナイ化」が改善

たとえば、「困った」ことがあれば、それを裏返して、「困らナイ化」するのが改善。

では、「困らナイ化」するには、どうすればいいのか。それは「困っている原因」を「裏返す」だけ。

たとえば、「間違いが多くて、困っている」のならば、それを裏返して、「間違えナイ化」すればいい。

では、「間違えナイ化」するには、どうすればいいか。それは「間違える原因」を「裏返す」だけ。

では、「間違える原因」は何だろうか。それもイロイロあるが、最大の原因は「似ている」からだ。

とにかく、ナニゴトも「似ている」と間違う。「似ている部品」だから、間違って取り付けてしまう。

「似ているスイッチ」だと、間違えて押してしまう。「似ている薬品」だから、間違って配合してしまう。

「似ている書類」だから、間違って送ってしまう。「似ている数値」だと勘違いしてしまう。

――このように「似ている」ことが、「間違いの原因」ならば、その対策は「似ナイ化」である。

「改善の定石」とは具体的な「原因対処法」

では、「似ナイ化」するには、どうすればいいか。たとえば

*「カラー化」
*「色分け化」
*「マーク化」
*「テープ化」
*「シール化」
*「リボン化」
*「目立つ化」
*「区切り化」
*「目隠し化」
*「目印化」
*「強調化」
*「分離化」
*「隔離化」
*「記名化」
*「記号化」
*「区別化」
*「分別化」

――などの方法がある。

このような「イロイロな変え方」を「改善の定石」と言う。

このように、「改善の方程式」と「改善の定石」を駆使すれば、

①「似ナイ化」

改善の定石

原因への対処法

似てる→似ない化

するには

カラー化	色分け化	マーク化
テープ化	シール化	リボン化
目立つ化	区切り化	目隠し化
目印化	強調化	分離化
隔離化	記名化	記号化
区別化	分別化	区分化

②**「間違えナイ化」**
――という「原因の裏返し」の「ドミノ倒し」となる。
そして、その結果、最終的には
③**「困らないナイ化」**
――という「困った」という「問題の裏返し」、つまり「問題解決＝改善」に到達する。

もちろん、この場合も、
＊「改善の定石＝言葉」
＊「改善の方程式＝理屈」
――「だけ」ではダメ。
「言葉だけ」や「理屈だけ」では、やはり「カラ回り」してしまう。
ゆえに、必ず
＊「具体的事例＋定石」
＊「具体的事例＋方程式」
――の「組み合わせ」が必要。
それらが「アタマの引出し」に数多くあれば、問題に直面した場合、スグ、
①「問題」の「裏返し」
②「原因」の「裏返し」
――という改善実施に取りかかれる。

ところが、これらの蓄積がないと、問題にどう対処していいかわからず、立ち往生する。

これが「改善の上手い人」と「改善が下手な人」の違いである。たった「それだけの違い」に過ぎない。

つまり、「改善力＝手っとり早い改善・実施能力」をつけるには、自分の「アタマの引出し」の

＊「具体的事例＋定石」
＊「具体的事例＋方程式」

――の「蓄積を増やす」こと。

ゆえに、とりあえず、マズ「10件」、そして、できれば、「１００件」の蓄積が勧められる。

各人の「改善の意欲&能力の開発」をもたらす「改善活動」とは「各人のアタマの引出し」の

＊「具体的事例＋定石」
＊「具体的事例＋方程式」

――の「蓄積増加・促進」である。

そのためには、「せっかくの改善」を「やりっ放し」にしないで、「簡単な改善メモ」として書き出し、それらの「共有化」が勧められる。

要するに、改善活動とは

①「デキルこと」から「小変の実施」
②「簡単な改善メモ」に書き出す
③「事例＋方程式&定石」の共有化

――という**「実施→顕在化→共有化」**のサイクルである。

それを通じて、各人の「アタマの引出し」に「事例＋方程式&定石」が蓄積される。

それが、そのまま各人の「改善の意欲&能力の開発」につながっている。

もちろん、その「結果」として、あくまでも、「副産物としての結果」に過ぎないが、

＊「コストダウン」
＊「生産性向上」
＊「品質向上」
＊「収益増加」

――など「会社にとってのメリット」も充分にもたらす。

☆

＊「具体的事例＋定石」
＊「具体的事例＋方程式」

――の「蓄積を増やす」ための、

＊「改善研修」
＊「改善発表会」

――では、最低でも「20件」、できれば「30～50件」の「大量高速・事例研究」や「事例＋方程式&定石の解説」が勧められる。

☆

なお、「改善の方程式&定石」や「大量・高速方式」による

＊「改善・事例研究」
＊「改善・発表会」
＊「改善・研修」

――などの詳細解説に関しては、次のような「教材&セミナ」が勧められる。

＊テキスト「改善・基礎講座」
＊テキスト「改善・応用講座」
☆ＤＶＤ教材「改善・基礎講座」
☆ＤＶＤ教材「改善・応用講座」
◎公開セミナ「改善・基礎講座」
◎公開セミナ「改善・応用講座」

改善力 改善 指導力

事例 ＋ 定石の蓄積

①改善の実施

＊とりあえず「デキルこと」から**着手**

＊とりあえず「デキルところ」まで**実施**

②改善の顕在化

＊簡単な**改善メモ**に書き出す

＊**定石記入**で「事例教材化」

③改善の共有化

＊改善**思考＆発想**の共有化

＊**定石＆方程式**の水平展開

社員のメリット → やらされ脱却

自分のための改善 → 改善意欲

結果として会社にも充分なメリット

第2章

「とりあえず」と「要するに」の「使い分け」と「組み合わせ」

1 改善的思考&発想
使い分けと組み合わせ

「改善的思考&発想」は、とりあえず「分ける」ことから始まる。

たとえ、「複雑なもの」でも、とにかく、「分けてみる」と、だいたい、わかるようになる。

また、「困難なこと」でも、イロイロな要素に「分けてみる」と、デキるようになる。

☆

「分＝分ける」の漢字を含む言葉に次のようなものがある。
・「分類」
・「分析」
・「分解」
・「分別」
・「分離」
・「分割」
・「分散」
・「分担」
・「分業」
・「分掌」
・「分譲」
・「分売」
・「分宿」
・「分乗」
・「分納」
――など。

これらの熟語からも、我々は、
◎「分ければ、ワカる」
◎「分ければ、デキる」
――ということを実感できる。

分ければ、ワカる

たとえば、「機械の仕組み」や「故障の原因」がワカラナイ場合、どうすればいいだろうか。

言うまでもなく、マズ、分解するだろう。外から見るだけではワカラナイ

分ければワカる

分ければデキる

「分」を含む単語は、すべて、

「ワカる・デキる」に関連している。

分類・分析・分解・分別・分離

分割・分散・分担・分業・分掌

分譲・分売・分宿・分乗・分納

複雑な「機械の仕組み」や
外から見るだけではワカラない「故障の原因」も
分解すればワカる。

「大変な仕事」も
分割・分担・分業・分散すればデキる。

ものも、分解してみれば良くわかる。

ある薬品に、「どのような成分」が含まれているか、ワカラナイ時、どうすればいいだろうか。

その場合、分析すればいい。すると、どのような成分が含まれているか良くわかる。

「どの商品」が「どのような顧客」に売れているのか、わからナイのなら、商品ごと、顧客ごとに分類してみれば、良くわかる。

分ければ、デキる

「ひとり」では、とてもデキナイような「大変な仕事」でも、それらを分割して、各人に分担させたり、分業化すれば、デキるようになる。

「月末に集中する仕事」に追われて「徹夜や休日出勤」しなければならなかった人も、それらをうまく分散化させれば、時間内で処理できるようにもなる。

「安月給」では「高額マンション」の代金を一度に、一括払いはできない。だが、「分割払い」なら、なんとかなるだろう。

　不動産会社も「マンション一棟」を丸ごと売るのは難しい。だが、一戸ずつの「分譲」なら、売りやすい。

　「滞納した税金」を一度に、一挙に払うことはできなくても、「分納」ならば何とかなる。

「分ける」ことが人類進化の源

　科学は「分類・分析」、つまり、「分ける」ことで「原理・原則・法則」を発見し、応用してきた。

　また、個人では「デキナイこと」も、組織や社会で「分担・分業」することで、それらを実現してきた。

　人類史とは、まさに「分ける」ことの歴史でもある。

　一方、日常の生活や仕事においても「分ける」ことの威力が見られる。

　たとえば、「整理・整頓」とは、

①「要るもの」と「要らないもの」を「分ける」こと
②「スグ使うもの」と「不常用」を「分けて、配置する」こと

——である。

　「分別・区別」されてないと、何がドコにあるかワカラナイ。そのために「探す」というムダが発生する。

　だが、「必要と不要」を分別すれば、スグわかる。また、「常用と不常用」を区別すればスグ取り出せるので、

☆「探さナイ化」
☆「探しヤス化」

——という改善となる。

「使い分け」と「組み合わせ」

　ナニゴトも「やりっ放し」はダメ。「分ける」ということも「分けっ放し」はダメ。それでは、「分割・分類・分解・分析——」などの威力を充分に発揮させられない。

　分けたら、次には、それらを

①「使い分ける」
②「組み合わせる」

——という第2の「改善的・思考・発想」が必要だ。

　たとえば、「仕事のやり方」の変更はその規模によって、

①「**大変**＝大きく変える」
②「**中変**＝中程度の変更」
③「**小変**＝小さく変える」

——に分けられるが、それぞれの取り組み方は、状況によって「使い分け」なければならない。

　あるいは、必要に応じて、それらを「組み合わせ」れば、相乗効果を得ることもできる。

☆

　改善における「使い分け」と「組み合わせ」の「重要性・効用」を、とりあえず、「とりあえず」と「要するに」という観点から研究してみよう。

使い分けと組み合わせ

①問題のサイズに応じた対処法の使い分け

大変 ＝計画的に、戦略的に、組織的に

中変 ＝集団で、技法活用（原因分析→対策検討）

小変 ＝手っとり早く気楽に、マネ・パクリ、思いつき

②状況に応じた使い分け＆組み合わせ

分散化	⟷	集中化	共有化	⟷	私有化
共用化	⟷	個別化	汎用化	⟷	専用化
兼用化	⟷	専用化	定期化	⟷	随時化
定型化	⟷	随型化	画一化	⟷	多様化
一体化	⟷	分離化	混在化	⟷	分別化
後始末	⟷	前始末	自由化	⟷	規制化

タテ ⟷ 斜め ⟷ よこ

カタカナ ⟷ 漢　字 ⟷ ひらがな

2

「改善の極意」は「酒場」にあり

とりあえずビールで即座の改善・着手

改善活動において、時々、

「良いアイデアだが、実施できない」

——といった声が聞かれる。

その場合、「旧来の提案制度」では、

「検討します」

「残念ながら不採用」

「アイデアは良いのですが」

——などの回答がなされていた。

だが、今日、「多くの企業」で主流となっている「実施型・改善制度」では、このような「セリフ」は存在しない。

なぜなら、「実施型・改善」では、

＊「実施デキるのが、良いアイデア」

＊「実施できナイのは、良いアイデアではない」——からだ。

改善は「夢のようなこと」を語るものではない。もちろん、それはそれで「別の制度」や「特別な機会」を設けてもいいだろう。

「日常の仕事の改善」に求められているのは、マズ、何よりも「手っとり早い実施」である。

ゆえに、実施しなければ「意味」がない。実施デキなければ「価値」がない。しかも、今、スグ、実施できなければダメ。

5年先に「実施・実現」できるようなことを言ってもダメ。それでは、この先、5年間も「不都合・不安全・不快・不便・不安——」などの問題を抱え続けることになる。

＊「今、困っている」

＊「今、イライラしている」

＊「今、問題になっている」

——のだから、今スグ、即座に解決すべき。それには何よりも「手っとり早い改善着手」が必要。

☆

ところが、「改善の着手→実施」に

は必ずと言っていいほど
*「予算」

*「時間」

*「技術」

――などの「現実的制約」がある。

しかし、心配はいらない。そのような「現実の壁」を乗り越える「魔法の言葉」がある。

それは「とりあえず」である。この言葉を使えば、誰でも、手っとり早く改善できる。

「とりあえず」は、誰もが日常的に使っている。それは、誰もが日常的に改善デキることを意味している。

我々は、どんな時、「とりあえず」を口にしているだろうか。日暮れ時、日本全国、すべての酒場で「とりあえず」という言葉が聞かれる。

酒場で、座席につくと、

「何になさいますか」

と聞かれる。

その時、開口一番、

「とりあえず、ビール」

——と応える。

とりあえず、ビールを注文。そして、「何を食べるか」などは、その後で、ゆっくり考えるという算段だ。

ここに「手っとり早い改善実施」の原則がある。ある詩人は、

「酒場が僕の学校だった」

——と言ったが、それと同様、

「酒場は改善の学校」

——でもある。

なぜか。その理由は、ビールでも飲みながら、ゆっくり考えてみよう。

「改善のハシゴ酒」で さらに改善、もっと改善

飲み屋で、

「何になさいますか」

——と、注文を聞かれ、

「ちょっと待って」

——と、やおら電卓を取り出し、

「予算はいくらだから——」

——などと、計算する人はいない。

もちろん、「正式な宴会」なら、あらかじめ、予算を設定し、メニューも決めなければならない。

だが、「ちょっと一杯」のつもりで立ち寄った飲み屋で、そんな大袈裟なことはしない。マズは、

「とりあえず、ビール」

——の一言だろう。

改善も同様。「たかが改善」ゆえ、「とりあえず」の一言で、手っとり早く即座に、着手すべき。

もちろん、「仕事のやり方」を「大きく変える」という「**大変**＝革新・改革・変革」などは、計画的に、じっくり、慎重に取り組むべきだ。

だが「仕事のやり方」を「ちょっと、小さく変える」という「**小変**＝改善」は「とりえず、ビール」の感覚でいい。

☆

もっとも、「とりあえず」で飲み始めたビールが、1本で止まるわけがない。2本が3本になり、3本が4本になり、そして、「もう一軒、行こか」ということになる。

「酒のハシゴ」は健康に良くない。だが、「改善はハシゴ」が勧められる。

とりあえず、やってみて、それで良ければ、

「もう、一件」

「また、一件」

——とドンドン改善すればいい。

また、「とりあえず、ビール」と注文するにしても、最初から10本も頼む人はいない。最初から大量発注しようとすれば、

「そんなに飲めるかな」

「そんなに飲んで大丈夫かな」

——など心配になり、躊躇する。

だが、「酒飲みの達人」は、そんな愚かなことはしない。とりあえず、マズ、1本か、2本である。

そして、様子を見ながら、

「もう1本」

「また1本」

と追加していく。

そして、気がついたら、いつものこ

酒場の「とりあえず」
とりあえず
とりあえず
とりあえず
とりあえず
Beer
Beer
とりあえずもう一杯
とりあえずの一杯が
思わぬ結果を
もたらす
とりあえず
思わぬ改善
につながる
職場の「とりあえず」

となが ら、ビールの空瓶がゴロゴロという結果となる。

このように、「とりあえず」には「分割発注」という意味もある。最終的には10本飲むにしても、けっして最初から全部、注文しない。

様子を見ながら、少しずつ追加していく。「この方法」が、意外と「大きな結果」をもたらすことは、酒飲みなら、すでに充分に体験し、実感していることだろう。

☆

「手っとり早い改善の実施」は、難しいことではない。毎晩、フラリと酒場に立ち寄り、「ちょっと一杯」という調子でいい。

そこで常用している「とりあえず」の一言を、「仕事の中」でも、つぶやけばいい。

酒場での「とりあえず」は、思わぬ出費となるのでヤバイ。だが、職場の「とりあえず」は、「思わぬ改善」につながる。

3 とりあえず デキルことから デキルところまで

誰もが何かにつけ「とりあえず」を口にしている。それは、誰もが無意識のうちに、「分割・細分化」という「改善の原理」を応用・活用しているということである。

「改善の達人」は、それを意識的にやっている。「難しい問題」に直面すると、即座にそれらを「分割・細分化」する。

そして、その中から、とりあえず、
＊「デキルことから、ヤル」
＊「デキナイことは、後回し」
——という方法で対処している。

☆

「とりあえず」には「一時的・暫定的」という意味がある。ずっと先のことまで、アレコレ考えるのではなく、「とっかかりの部分」に着目する。

「とっかかりの部分・だけ」なら、とりあえず、誰でも、手軽に、気楽に、手が出せる。

先のことまで悩む必要はない。とりあえず、「目の前」のことだけでいいのだから負担にならない。

しかも、「とりあえずの第一歩」を踏み出せば「第二歩」につながる。その「第二歩」が、さらに「第三歩」につながっていく。

このように、「とりあえず」を繰り返していると、気づいたら、「かなりの仕事」となっている。

☆

ところが、「とりあえず」を言えない人は、「着手の段階」でモタつく。アレコレ先のことまで考えて、身動きがとれない。

「とりあえず」で着手した人が、すでに、二歩、三歩と進み、「次のレベル」に達しているのに、いつまでも「同じ

とりあえず
デキルことから即実施
表示なら
すぐできる
本格的な
工事は
追って
やがて
そのうち
応急的
とりあえずの対策
段差注意
根本的
対策を
目立つ化
トラテープ

ところ」で足踏みしている。ずっと「先のこと」まで考えたら、手も足も出ない。イロイロな「シガラミ」や「イキサツ」、あるいは「利害対立」など考えていたら、それだけでイヤになる。

　そこで「ためらい」が生じる。そのため、ナンダカンダと理由をつけ着手を延期、実施を先送りする。

　後は、酒場で「グチを肴」にヤケ酒、フテ腐れ――というおきまりのコースとなる。

　その酒場では「とりあえず」という「改善実施の原則」をちゃんと実践しているのだから、それを仕事にも応用すればいいだけなのに――。

「とりあえず」で変化に対応

「とりあえず」は、「時間」を味方につける言葉である。なぜなら、

＊「デキナイ」

＊「不可能」
＊「ムリ」

――といった場合、それは、

「絶対に、ムリ」
「永遠に、不可能」
「永久に、デキナイ」

――という意味ではないからだ。

それは、あくまでも、

「今は、デキナイ」
「一人では、ムリ」
「この方法では、不可能」

――という「前提」つきである。

しかるに、

＊「この状況」ではムリ
＊「この条件」ではデキナイ

――ということを、逆に言うならば、「この条件」や「今の状況」が変われば「デキルようになる」ということである。

万物は流転。すべては変化している。「条件や状況」は変わるということを知っていれば、「とりあえず」という言葉が生きてくる。

だが、「とりあえず」を使えない人は、「現在の条件」を「先のこと」にまで当てはめようとする。だから、身動きがとれない。

しかし、「条件や状況」は変化する。法律も変わる。規制も緩和される。それゆえ、今は「デキナイこと」でも、やがて、将来にはデキルようになるかも知れない。

「デキナイこと」は「デキルようになる」まで「棚上げ・後回し・先送り」

改善の達人は、直面している問題を、次の２つに「仕分け」する。

①「現在の条件」で「デキルこと」
②「現在の条件」で「デキナイこと」

そして、

◎「今デキルこと」は今スグ着手
◎「今デキナイこと」は、「デキルようになる」まで放置

――と考える。これが「とりあえず」の発想である。

すなわち、「手っとり早い改善」の「着手→実施」の大原則は、

＊「デキルこと」は、スグやる
＊「デキナイこと」は、「後回し」

――ということ。

なにしろ、「デキルこと」からヤルのだから、簡単にデキる。

☆

これほど簡単なことなのに、どうして世の中には、「改善の苦手な人」がいるのだろうか。それは「デキナイこと」をやろうとしているからだ。

改善のヘタな人は「デキルこと」をしないで、「デキナイこと」をやろうとする。ゆえに、いつまでたっても、何もデキナイ。

一方、「改善の達人」は「デキルこと」から着手する。そして、「デキナイこと」は、デキルようになるまで、放っておく。

それは、「条件や状況」は変化するということを知っているからだ。

手っとり早い

改善実施の極意

とりあえず

デキルことから

デキルところまで

問題に直面したら、マズ

①変えられること

②変えられナイこと

―― に分けてみる。

そして、とりあえず

変えられる部分から変える

変えられない部分は後回し

とりあえず

「デキルこと」から着手すれば、「デキナイこと」も

やがて、そのうち「デキル」ようになる。

4 とりあえずで「即座の着手」要するにで「軌道修正」

「手っとり早い改善実施」にとって、「とりあえず」という言葉は、まことに「強い味方」だ。

しかし、「それ・だけ」ではダメ。「とりあえず」ばかりだと、やがて、「袋小路」に陥ってしまう。

「仕事の目的」や「改善の目的」を見失い、「改善のための改善」になってしまう。

ゆえに、時々、「要するに」という言葉が必要。それを呟くと、

＊「要するに、何をすればいいのか」
＊「要するに、どうなればいいのか」
＊「要するに、仕事の目的は何か」
＊「要するに、任務目的は何か」

——と、「目的」が確認される。

そこで「改善の目的」も再確認され、それまで「とりあえず」でやってきた「改善の軌道」も修正できる。

☆

「とりあえずの改善」が行き詰まったら、その時こそ、「要するに」による再確認が勧められる。

「行き詰まり」とは、姿勢が前傾し、視野が狭くなり、「手段選択・方法選択」の幅が狭くなっている状態。

何かに夢中になると、どうしても「特定の方法や方向」に傾斜していく。とりわけ、「成功体験」がアタマの柔軟性を奪ってしまう。

そんな「思考の固定化」を打破するのが「要するに」という言葉である。

「前のめり」の姿勢を立て直し、周囲を見渡せるようになる。

「要するに」によって、複雑にカラみあった「枝葉」を切り落とせる。

そして、

＊「要するに、目的は何か」
＊「要するに、何をすべきか」

とりあえずと要するに

改善は**手っとり早さ**を重視

ゆえに、アレコレ考えるより、ゴチャゴチャ言うより、
とりあえず、「デキルこと」から着手。そして、

やってダメなら、また 改善

やって良ければ、さらに改善

しかし、**とりあえず**ばかりでは、「改善の目的」を
見失って袋小路に陥る。ゆえに、「要するに」で

仕事の目的は何か→**改善の目的**は何か
を確認し、軌道修正しなければならない。

ナニゴトも
「戦略←→戦術／着眼大局←→着手小局」
という「2 面思考・両面発想」が必要

着眼大局	←→	**着手小局**
要するに	←→	**とりあえず**

という「仕事の根幹」を再確認できる。すると「どうでもいいこと」と「必要なこと」との区別が明確になる。

☆

「悩み・迷い」は、「どうでもいいこと」に囚われている状態。「アレもコレも」という「優先意識の欠如」が、問題を繁雑にしている。

そんな時、「要するに」とつぶやき、目的を再確認して、問題を単純化すればいい。すると、

「要するに、目的を達成すればいい」

「それ以外は、切り捨ててもいい」

——と気づき、問題をスッキリ化・単純化できる。


「目的」が明確になれば、達成するための「手段・方法」は「ひとつ・だけ」でなく、「いくつか・複数ある」ことに気づく。

よって、ひとつの「手段・方法」への「囚われ・拘わり」から解放される。「手段選択・方法変更」の幅が広がり、「行き詰まり」から脱出できる。

「要するに」でマンネリ打破

ビジネスの雑誌や書籍では、

*「固定観念の打破！」

*「マンネリを打開！」

*「発想の転換を！」

——といったスローガンが飽きることなく繰り返されている。


そのこと自体が、まさに「マンネリの見本」のようになっている。


実際に仕事をしている人間にとって必要なことは、スローガンではなく、

「どうすればマンネリ打破できるか」

「どうすれば固定観念脱却できるか」

「どうすれば発想の転換ができるか」

——という「具体的な方法」である。

「要するに」で「目的」の再確認

「要するに」という言葉こそ、これら「マンネリに化した提唱」に対する「具体的な打開策」である。

そもそも、「マンネリ」とは何か。それは「仕事の目的」を見失った状態。「目的」を自覚せず、何も考えず、惰性的に仕事をやっている状態である。

そのため、当然のことながら「仕事のやり方」も、ずっと固定されたまま。状況は変化しているのに、同じような「仕事のやり方」が、「十年一日」の如く続けられている。

これを打開するには、

「マンネリを打ち破れ」

「発想を転換せよ」

——などという「お説教」ではダメ。

それよりも
「要するに、何のための仕事か」

要するにで
マンネリ打破
惰性脱却

マンネリとは目的を見失った状態
手段・方法が惰性化している状況

マンネリ打破には目的の再確認
惰性脱却には手段・方法の更新

要するにで
目的確認
発想転換

「要するに、何を達成すべきか」

「要するに、何をなすべきか」

――と「仕事の目的」を再・確認すべきだろう。


「目的」が明確になれば、もはや「ひとつの方法」に囚われ、固執することはない。

「目的をより良く達成する」のに「より良い方法」があれば、サッサとそちらに切り替える。それが「マンネリ打破」である。

また、そのような「手段選択・方法変更」によって、「仕事の目的の達成」が少しでも「ラクに、早く、効率化できたという体験」は、そこで止まるものではない。


次に、「仕事の問題」や不都合に直面した場合、

「もっと、効果的な方法はないか」

「もっと、効率的な手段はないか」

「もっと、ラクなやり方はないか」

――と、「さらなる工夫」を考え始めるだろう。

5 最初に「創意」そのための「工夫」

「仕事の改善」、すなわち「仕事の目的」を「より良く達成する」ための「手段選択・方法変更」には、

＊「要するに」
＊「とりあえず」

――の「両面思考」が必要。

このことは「創意工夫」という漢語を見ればわかる。我々は、この言葉を何気なく使っているが、そこには「2つの意味」がある。それは、

①「創意」
②「工夫」

――である。

「創意」とは何か。それは、読んで字の如く「意を創る」こと。すなわち、「意志・意図」を定めること。つまり、「目的意識」や「目標設定」を意味している。

「工夫」は、「功夫」とも書く。読み方は「カンフー」。つまり、中国拳法のような「技・術＝技術」、すなわち「手段方法」を練ることを意味している。

我々が、「創意工夫」という言葉を口にする時、もっぱら「工夫」に力点があり、「創意」は「単なる枕詞」に過ぎない――という感覚ではないだろうか。

しかし、それはトンデモないこと。マズ、何よりも、「創意」が、つまり、「目的の設定」や「目標の確認」が必要である。

なぜなら、けっして「工夫のための工夫」ではなく、あくまでも「目的・目標」を、より良く達成するための「工夫」なのだから。

なのに、ともすると「工夫」だけが強調されていないだろうか。それでは「目的」を見失い、「袋小路」に陥り、マンネリ化してしまう。

そのような「惰性的な仕事」からの

創意と工夫

要するに で
創意＝意を創る
意思・意図を決定
目的・目標の設定

とりあえず で
工夫＝技を練る
方法の変更
手段の選択

脱却には、マズ、「創意」を、つまり、「目的と目標」の「設定と再確認」を強調すべき。

☆

「仕事の問題の大多数」は、「仕事の目的」を、自覚していない人間によって引き起こされている。

そのような人は、
＊「指示されたこと」しかデキナイ
＊「指示されたこと」しかシナイ
あるいは、
＊「指示された方法」しかシナイ
＊「指示された方法」しかデキナイ
――からである。

そのため、「目的から外れた方法・手段」に固執して、それらを一生懸命やっている。

まったく困ったものだ。その間に「肝心なこと」がお留守になっているというのに――。

そのような人に「工夫」を勧めたり、強調しても、意味がない。なぜなら、その人の問題は「工夫」ではなく、「目的確認」や「目標設定」という「創意」の欠如だから。

よって、マズ、何より「要するに」という言葉で「仕事の目的」の再確認をうながすべき。

＊「何のため」にやるのか
＊「何」を目指すべきか
＊「何」を達成すべきか

――という「目的・目標」が明確になれば、自ずと、それを達成するための「より良い手段の選択」や「より良い方法への変更」、つまり、「工夫」をするようになる。

「戦略＝目的設定＝要するに」
「戦術＝手段選択＝とりあえず」

「要するに」と「とりあえず」など「目的と手段」の関係は、「戦略」と「戦術」にも見出せる。

「戦略」とは「戦略目標」などと言われる如く、戦争の「目的や目標」を明確にすること。

それは「創意＝要するに」に対応している。すなわち、

＊「要するに、何のために戦うのか」
＊「要するに、戦いの目的は何か」

――などのように。

一方、「戦術」は、その「戦略」を「実施・実現させる」ための具体的な「手段・方法」である。

それは「工夫＝とりあえず」に対応している。すなわち、

＊「とりあえず、どこから攻めるか」
＊「とりあえず、何を準備すべきか」

――などのように。

「戦術」は、別名「千術」とも言われている。それは「ひとつの目的」を達成する方法はいくらでもある――という意味だ。

また、「手段」は「状況の変化」に対応し、臨機応変・変幻自在たるべしということを意味している。

「戦略と戦術」の違いは、

＊「風林火山」
＊「天下布武」

――などの「戦国武将の言葉」にも見出せる。

「風林火山」は武田信玄の旗印で、

疾きこと風の如し、
徐かなること林の如し、
侵掠すること火の如し、
動かざること山の如し

――という「孫子」からの引用。

これらは「戦い方」、すなわち「戦争の手段・方法」を示すもの。

ここには「何のために戦うのか」という「戦略＝戦争の目的」については何も言及されていない。

一方、織田信長の「天下布武」は「要するに、天下を統一する」という「意志・戦略」を表現している。

この違いは、そのまま両者の「戦い方」の違いにもなっている。

「戦術＝手段・方法」を旗印とした武田信玄は「戦うこと」が目的化してしまって、上杉謙信との戦いに明け暮れ

戦略と戦術

strategy & tactics

戦略＝目的

何のために戦うのか
戦いの目的・意図
要するに→目的確認

戦術＝手段

どのように戦うか
戦いの手段・方法
とりあえず→選択・変更

た。

それに対して、「戦略＝目的設定」を掲げた織田信長は、「目的」に関係ない「無益な戦い」を避けている。

「目的＝戦略」が明確なら、それを達成するための「手段＝戦術」は自由自在となる。

そのため、
＊「戦闘」
＊「持久」
＊「逃走」
＊「和睦」
＊「調略」
＊「裏切り」
＊「焼き討ち」
――など、なんでもアリだ。

その場、その時の「状況・条件」に応じて「使い分け」ている。

「前例や因習」に囚われず、常に、「より良い戦術」を採用し、しかも、何のためらいもなく、断行している。

6 着眼大局＝戦略＝要するに　着手小局＝戦術＝とりあえず

「着眼大局・着手小局」という言葉がある。「漢語」だと、何となく格調高く聞こえる。

これを「日常的な言葉」にすれば、
＊「要するに」
＊「とりあえず」
――ということに過ぎない。

「着眼大局」とは、「目的や戦略」を明らかにすること。それには「部分」に囚われず、大局的に「全体」を把握しなければならない。

それには「要するに」が有効。それによって「枝葉」を切り落とし、「根幹」を見抜くことができる。

しかし、「着眼大局」だけではダメ。「設定した目的」を実現させるには、「着手＝実施・開始」が不可欠。

この段階では、「大きなこと」ばかりではダメ。現実に対応した「具体的な方法」が必要だ。

それには、「とりあえずの対処」が威力を発揮する。
＊「とりあえず、デキルことから」
＊「とりあえず、デキルところまで」
――というのが「着手小局」。

それは「千里の道も一歩から」ということ。とにかく、「最初の一歩」を踏み出さなければ、何も始まらない。

「最初の一歩」がなければ、その次の「二歩」はない。それでは、千里どころか、一里すら行けない。

☆

もちろん、「どこへ行くか」という「目的」や「具体的な目標」を確認せず、「とりあえず」だけで、やみくもに歩き出しても意味がない。

また、ただ「目的・目標」を掲げるだけで、何もしなければ、やはり、何もできない。

着眼大局

創意・戦略・目的

要するに

着手小局

工夫・戦術・手段

とりあえず

着眼大局	←→	着手小局
創意戦略	←→	工夫戦術
目的意図	←→	手段方法
要するに	←→	とりあえず

つまり、

＊「着眼大局」だけではダメ。
＊「着手小局」だけでもダメ。

「より良い仕事」をより良く達成するには、「着眼大局」＋「着手小局」

すなわち、

＊「目的」＋「手段」
＊「戦略」＋「戦術」
＊「創意」＋「工夫」
＊「大変」＋「小変」
＊「改革」＋「改善」

――の「組み合わせ」が不可欠。

我々は、何気なく

「要するに」
「とりあえず」

――を口にしているが、それは、

＊「着眼大局・着手小局」
＊「戦略・戦術」
＊「大変・小変」
＊「改革・改善」
＊「創意・工夫」

――など「仕事の大原則」につながる「最も重要な言葉」でもある。

「要するに」と「とりあえず」は「部下指導の原則」でもある

「要するに」と「とりあえず」は「仕事の大原則」だが、それだけではない。それは「仕事を教える」コツでもある。

部下の指導・育成のうまい上司は、この「2つの言葉」を、バランス良く使っている。一方、部下指導がヘタな上司はどちらかに偏っている。

たとえば、営業部に新人が配属されてきた場合、ある上司は、こんな言い方をする。

「要するに、売ればいいんだよ」
「売り方はイロイロ工夫しろ」

――と。

これでは、新人は困ってしまう。もちろん、営業部だから「売ればいい」のはわかっている。

だが、いったい「誰に、どのように売ればいいか」、わからず、途方に暮れてしまう。

もちろん、「ベテラン」に対してはそれでいい。「目的」だけを指示して、その後の「手段・方法」は、自分で「工夫・研究」させればいい。

しかし、新人には、「とりあえず、何をすべきか」という「具体的な指示・指導」が必要だ。

逆に、新人に「とりあえず」しか、指示しない上司もいる。

たとえば、

「とりあえず、言われたようにやれ」
「とりあえず、指示されたことを」

――といった調子。

これでは仕事の「目的」も「背景」も一切わからない。ただ、単に「ひとつの手段・方法」を教えられたに過ぎない。

要するにととりあえずは指示・指導の要諦

とりあえずこうせよ
要するにこうなればいいのだ
余計なことは考えるな！
やり方は自分で考えろ工夫せよ

「そんな指導」を受けた新人は次のようなセリフとともに、いつまでも「その方法」を続ける。

「こう指示されたから――」

「こう教えられたから――」

もちろん、世の中に変化がなければ、それでもいいだろう。だが、変化の激しい時代には通用しない。

ヘタをすると、「時代遅れの手段」に固執し、もはや「不要になっていること」をいつまでも真面目に、一生懸命やりかねない。

自分で、自分の「任務目的」を確認すべし

もっとも、「とりあえず」の指導しか、しない、デキナイ上司も悪いが、「習うほう」にも責任がある。

子供でもあるまいし、「とりあえず、こうするように」と、指示されたからと、いつまでも、その「やり方」を続ける必要はない。

なぜなら、「とりあえず」は、「一時的・暫定的」という意味である。けっして、いつまでも、永久に、という意味ではない。

配属当初は、「右も左も」わからないので、とりあえず、「指示されたとおり」にやればいい。

だが、ある程度、仕事を覚え、職場にも慣れてきたら、

「要するに、この業務目的は——」

「要するに、私の任務目的は——」

——と、自分から確認すべき。

「目的」が明確になれば、それを達成する「手段・方法」は、「いくつか」あることに気づく。

すると、「当初は、とりあえず、この方法でと指示されましたが、別のやり方に変えてもいいでしょうか」

——といった言葉が出てくる。

それこそ、「仕事のやり方の工夫」、つまり、その人にとっての「自分の仕事の改善」のスタートとなる。

「要するに」で「仕事の目的」の確認を、そして「とりあえず」で「手段選択・方法変更」が始まる。

つまり、「要するに」と「とりあえず」の「組み合わせ」によって「改善」が始まる。

このように、「仕事のデキル者」は上司でも、部下でも立場や地位に関係なく、「要するに」と「とりあえず」を使いこなしている。

このことからも、

＊「仕事と改善は、別のもの」

＊「改善は仕事とは別の余計なもの」

——ではないことが理解される。

そして、「仕事の原則」と「改善の原則」が、「目的と手段」という観点からは「全く同じ」であることが実感されるだろう。

改善的・両面発想

「仕事」には「目的・目標」と「手段・方法」の両面がある。それを押さえれば、「仕事の目的」にかなった「より良い手段の選択」や「より良い方法への変更」ができる。

逆に、

＊「仕事」＝「目的・目標の達成」

＊「改善」＝「手段選択・方法変更」

——という認識がなければ、「仕事の目的」を見失い、「ひとつの手段」に囚われたり、トンチンカンなことをやってしまう。

それを防止するため、古来より、優れた「兵法書・ビジネス書」には、

＊「目的」と「手段」

＊「戦略」と「戦術」

＊「創意」と「工夫」

＊「大変」と「小変」

＊「改革」と「改善」

——のように、「両面の重要性」が繰り返し説かれている。

このことを、わかり易い「日常的な言葉」で言えば、それは「要するに」と「とりあえず」に他ならない。

☆

そのどちらかが欠如しているのが、

使い分けと組み合わせ

具体的事例	↔	思考・発想
自社の事例	↔	他社の事例
とりあえず	↔	要するに
応急的対策	↔	根本的対策
手段・方法	↔	目的・目標
着手小局	↔	着眼大局

いわゆる「評論」、あるいは「ハウツー書」である。

「社内評論家」も含め、「評論家」というものは「要するに」の観点から、「ご高説」をたれる。だが、それだけで、自分では何も実施・実行しない。

☆

一時的にベスト・セラーになっても、やがて忘れられてしまう「ハウツー的ビジネス書」には、

*「小手先のテクニック」
*「とりあえずの対応策」
*「短期的なノウハウ」

――が満載・羅列されているが、

◎「大局的な着眼」
◎「長期的な戦略」
◎「思想的な根拠」

――が欠如している。

たとえ、「そのような内容」が記述されていたとしても、それらの大半は「優れたビジネス書」からの「引用」や「焼き直し」に過ぎない

第3章

「奨金」と「賞金」

1 改善的・思考発想による改善制度の見直し・総点検

「改善的・思考発想」の根幹は、
①「分ける」
②「分けて・みる」
③「分けて・考える」
――など。

それは、「改善制度」の「規定・組織・審査基準」など、すべてのことに適用できる。


「最も愚かな質問」＝「他社はどうしているか」

最近は、さすがに少なくなったが、以前は、次のような「問い合わせ」が多々あった。
①「他社」は、どうしているか
②「審査」は、どのようにすべきか
③「改善制度規定」の見本が欲しい
――など。

もちろん、日本HR協会の任務は、「改善活動に関する情報・ノウハウの共有化」である。

ゆえに、さしつかえない範囲で、参考資料などを提供させていただいてきた。

ただ、非常に残念なことは、それらの問い合わせには、
＊「どのような考え方で――」
＊「どのような観点から――」
――などという「フレーズ」が完全に欠如していること。

それらは、単なる「知識＝情報」を求めているに過ぎない。けっして、「知恵＝考え方」を追究しているものではない。

要するに、「自分のアタマ」では、何も考えないで、ただ単に、「適当な見本」を、そのまま、「自社の改善制度・規定」にして作成しよう

賢明な質問
①「良い会社」は、どうしているか
②「活発な会社」は、どうしているか
③「優秀な会社」は、どうしているか
愚かな質問
①「他社」は、どうしているか
②「多くの会社」は、どうしているか
③「有名な会社」は、どうしているか
「目的意識＝あり」
考え方・知恵の収集
「目的意識＝なし」
単なる情報収集

――ということらしい。

最適な「手段・方法」は「目的」によって異なる

それらに対して、そのつど、

◎「貴社の改善活動の目的は何か」
◎「何を、求め、期待しているのか」
◎「何を、重視しているのか」

――などの質問をして、煙たがられたものである。

なぜなら、「どうすれば――」という「手段・方法」は、その「目的」によって、異なるからだ。

たとえば、「大きな経済的効果」を求めているのなら、それにふさわしい「より効果的な審査基準や審査方法」がある。

また、「社員の改善能力の開発」を期待しているのなら、それに対応した効果的な「しくみ・しかけ＝制度・規定・運営法」がある。

ところが、「主・目的」を考慮するこ

となく、ただ単に、

＊「多くの会社が採用している方法」
＊「有名な会社が実施している方法」

――を求めた会社は、見事なまでに、「金太郎アメ」のような「制度規定や審査基準・方法」となっている。

なぜなら、ただ単に、「他社のイロイロな資料」を、

＊「求めた・だけ」
＊「集めた・だけ」

――の会社の担当者は、「自社」に適合した方法を「自分のアタマ」で考え、「判断→選択」しないからだ。

それは、まさに、

＊「多くの会社が採用している方法」
＊「有名な会社が実施している方法」

――ならば、「無難だろう」という「思考放棄・判断放棄・選択放棄」に他ならない。

「改善活動」の目的は「考える社員づくり」

改善活動とは、ささやかながらも、社員に「考えながらの仕事」を求めるもの。つまり、「考える社員づくり」が、「改善制度の最終目的」である。

なのに、それを「指導・推進すべき改善事務局」が、何も考えず、制度をつくり、運営していいのか――と心配になったものだ。

もっとも、経済が右肩上がりの時代には、それでも通用した。「何も考えない会社や社員」でも、それなりの「経済成長のオコボレ」を得ることができた。

☆

しかし、「厳しい時代」になると、「何も考えず、他社に右にナラエ」という会社は、次々に没落している。

かつては、「一世を風靡した有名な会社」までが、国際的競争力を失い、赤字に苦しんでいるのも、このような

＊「思考を放棄した仕事のやり方」
＊「何も、考えない社員の増加」
＊「右にナラエ方式の経営方針」

――などが「根本的な原因」かも知れない。

「目的」を意識した「改善的な質問や判断」を

しかし、ここに至って、ようやく、「改善活動に関する問い合わせ」にも、少しずつ変化が出てきた。

ただ単に

＊「他社のやり方は」
＊「他社は、どうしているか」
＊「他社は、どうなっているか」

――などいった「もっとも愚かな質問」は減ってきている。

そして、

◎「活発な会社は、どうしているか」
◎「――のためには、どうすべきか」
◎「――の場合、どうすればいいか」

――などのように「目的」を意識した「改善的・思考発想」を伴った質問が、少しずつ増えている。

改善活動の主目的

社員にとって自分の仕事の

①やり易化

②ラクちん化

③改善的手抜き

結果として会社の直接効果

①品質向上→不良撲滅

②効率化→コスト削減

③顧客満足→売上増加

④事故減→安全安心化

結果として組織の間接効果

①改善の習慣化

→改善的職場風土

②工夫の定着化

→改善的企業体質

2 改善的・思考発想による「審査基準・審査法」の見直し

「簡単な改善」は「簡単に審査」すべし

それは、
*「簡単な改善」
*「ちょっとした工夫」
——の審査に、「詳細な審査基準表」を持ち出して、時間をかけて、慎重に、厳密に——やっている光景だ。

つまり、「給料の高い管理職」が、「ちょっとした改善で得られた効果」の体する——ような「愚行＝愚劣な行為」がなされている。

たとえば、何トンもある「重い荷物」を、自転車や軽トラックで、運ぶ人はいないだろう。それは「ムリ」だから。

また、「軽い荷物」をワザワザ大型トラックで運ぶ人もいないだろう。それは「ムダ」だから。

このように、誰もが、それぞれの「目的」に適った「手段・方法」を、「選択」している。

ところが、もっとも「改善的な思考・発想」が求められる「改善活動の審査・指導」において、「鶏」を「牛刀」で解体する——ような「愚行＝愚劣な行為」

「分ける・分けてみる」、あるいは「使い分け」という「改善的・思考&発想」は、改善制度における「審査・指導」においても適用できる。

☆

中国の古典に、「鶏を解体するのに、牛を解体するような包丁を使うことなかれ」——という言葉がある。

つまり、「対象」によって、道具を「使い分けるべし」ということだ。

もちろん、そのようなことは、何も中国の古典を持ち出さなくても、誰でもわかっている。

牛刀割鶏＝牛刀で鶏を割く

鶏を割くに、いずくんぞ、牛刀を用いんや
鶏を割くのに、牛用の大きな包丁が必要だろうか？

「小さなこと」に対して
「大袈裟な方法」を用いる「愚かさ」を指摘。
「小さなこと」を裁くのに、
「大袈裟な方法・手段」を用いる不合理。

何倍もの「時間やコスト」をかけて、審査している。

あるいは、「簡単な改善報書」＝「改善メモ」に対して、

★「詳しく書け」
★「ちゃんと書け」
★「効果は数値で書け」
★「誤字・脱字を訂正せよ」

――などの指導をしている。

それこそ、まさに「軽い荷物」を、ワザワザ、「大型トラック」で運ぶようなもの。「ちょっとした荷物」なら、サッサと、手で運ぶか、せいぜい自転車で充分なのに――。

☆

もちろん、「スゴイ効果」の「大きな改善」に対しては、「じっくり慎重な審査」や、「詳しい記述」を求めてもいいだろう。

だが、「簡単な改善」も「大掛かりな改善」も、一緒くたにした「審査・指導」ほど、愚かで、ムダで非効率なことはない。

「サイズ・頻度」による「使い分け」が改善的

つまり、「改善のサイズ」によって、「審査方法」を「使い分ける」のが「改善的対処法」である。

また、「頻度」による「使い分け」も必要だろう。たとえば、「日本型・改善活動」は、その大半が「小さな変更＝小変＝小さな改善」である。

「効果額＝何百万円」など「大変＝大掛かりな変更」は、そんなに頻繁に出てくるものではない。それらは「例外」に過ぎない。

ところが、「愚かな会社」は、その「例外的な大変」に対処するため、膨大な時間をかけて「詳細な審査基準」を作成している。

しかも、それを日常的に、大量になされている「小変＝改善」にも、厳密に適用するという「二重の愚行」を積み重ねている。

「奨金・なし」こそ「究極の改善制度」

そもそも、改善活動には審査や審査基準など不要である。なぜなら、現在、「奨金・なし」でも、改善活動が活発な会社があるからだ。

「奨金」がなければ、それを決めるための「審査」は不要。そして、また「審査基準」も不要である。

それが最も「簡単明瞭・シンプルな改善制度」だ。それが本来の「改善活動のあるべき姿」である。

なぜなら、「自分の仕事の改善」は、「奨金に釣られてやる」べきではなく、あくまでも、「自分のために、自分からやるもの」である。

実際に、「奨金・なし」の会社でも、改善活動は活発になされている。

ナゼなら、「より良い仕事」の「やり方の工夫」という「自分の仕事の改善」によって、改善者は

◎「ラクちん化」
◎「やり易化」
◎「快適化」

——など「改善のメリット」を享受しているからだ。

また、たとえ「ちょっとした改善」であっても、「手っとり早い実施」による「達成感」を得ている。

とりあえず、「シンプルな基準」で対応

もちろん、「改善活動のあるべき姿」に少しでも近づくための「手段・方法」として、「奨金」を払うのも結構。

もっとも、その場合も、最初から、「詳細な審査基準」を作成する必要はない。

とりあえずは、改善活動の大多数を占める「小変＝改善」に対応できる「小変・審査基準・だけ」で充分。

そして、「例外的な大変」には、

＊「別途・検討」
＊「別途・審議」

──など「例外・対応」でいい。

そのような例外対応は「例外」が発生してから、対応してもいい。

もちろん、「災害・事故」などには、即座に対応できるように、あらかじめ準備しておくべき。

だが、「大掛かりな改善」に対する「例外的・審査」には、多少の時間がかかっても構わない。

一方、「ちょっとした改善＝小変」の「審査→通知」は、即決即断で、即座にやるべき。

つまり、

☆「即座にやるべきこと」

★「時間をかけてもいいこと」

──などの「区別＝使い分け」もまた「改善的・対処法」である。

☆

くれぐれも、

☆「即座にやるべきこと」

★「時間をかけてもいいこと」

──の「区別」を誤ってはならない。

3 「賞金」と「奨金」の区別・明確化と「使い分け」

「審査基準・審査方法」の見直しで、マズ必要なこと、それは「賞金と奨金」の区別・明確化である。

「賞金」と「奨金」の区別・明確化

現在、「多くの会社」では、

★「賞金」
☆「奨金」

——が区別されず、なんとなく混同・混用されている。

特に、「同音漢字」は「意味合い」がかなり似ているので、厳格に区別されず、混用されている。

☆

たとえば、「速い」と「早い」は、「異なる漢字」だ。よって、それらは「異なる意味」を持っている。

ところが、どちらも「ハヤい」という発音なので、混同されている。だが、日本語の「ハヤい」には

①「時期・時刻的」な意味＝「早い」
②「変化の度合い」の意味＝「速い」

——の「2つの意味」がある。

ゆえに、たとえば、

＊「早口」
＊「早食い」

——などは、正確には、

◎「速口」
◎「速食い」

——と表記すべきだろう。

もちろん、「言葉」は、たとえ誤用であっても、それが定着化し、お互いに「意味が通じる」のなら、それでもいいだろう。

☆

このことは「賞金」と「奨金」でも、同様である。どちらも「ショウキン」という発音なので、なんとなく混用さ

れている。

もちろん、日常生活において、たいした支障もなければ、それでもいい。

しかし、「より良い改善制度＝より良き改善活動」を望むなら、

★「賞金」

☆「奨金」

――は、明確に、区別すべき。

「賞金」＝「旧来の提案制度」

「奨金」＝「実施型改善制度」

「旧来の提案制度」では、もっぱら「賞金」という用語が使われてきた。それは、英語の「Ｒｅｗａｒｄ」を翻訳したものである。

「日本の提案制度」は、戦後、主として、「米国型・サジェスション・システム＝提案制度」をマネたもの。

ゆえに、当初は、

＊「アイデアを買い取る」

＊「アイデアと金銭の交換」

＊「効果額の一部の払い戻し」

――という観点から「Reward＝賞金」という用語が使われていた。
そのため、「審査基準」も「アイデアの買い取り価格決定」という観点で設計され、もっぱら、「有形効果」が対象となっていた。

「ショウキンの意味」の変化

しかし、「文化・慣習」、あるいは「労働規範」の異なる「アメリカ型の提案制度」が、そのまま日本の企業で通用するわけもなく、イロイロな不都合が出てきた。

そして、様々な「試行錯誤」を経て、「日本型・提案制度」に変化、そして、今日の主流となっている「実施型・改善制度」へと変遷してきた。

それは、
★「社員のアイデアを買い取る」
★「アイデアと賞金の交換」
――という制度から、
☆「社員の改善能力&意欲の開発」

☆「職場風土&企業体質の変革」
——という「経営における位置づけ」の変化でもあった。

それに伴って、「ショウキン」の意味も変化してきた。もちろん、当初は「賞金」がそのまま使用されていた。

だが、そのうち、いくつかの会社で「社員の改善への取り組み」を「認め・褒め・励まし・奨励する」という観点から「奨金」が使われるようになってきた。

「賞金」から「奨金」へ「用語」と「考え方」の変更

もちろん、「すべての会社」で、「すべての用語」が、厳密に定義されているわけではない。

今日でも、「賞金」と「奨金」は、それぞれの会社において、

①「ちゃんと、区別されている」
②「なんとなく、区別されている」
③「ぜんぜん、区別されていない」
——が、混同している。

しかし、「旧来の提案制度」から、今日の主流となっている「実施型・改善制度」へ変化・変遷という「歴史的背景」を考えるなら、次のような「区別・明確化」と「使い分け」が勧められる。

【賞金＝Reward】

＊「旧来の提案制度」の用語
＊「アイデア」を金で買い取る
＊「アイデア」と金銭の交換

【奨金＝Recognition】

◎「実施型・改善制度」の用語
◎社員の改善を認め・褒め・励ます
◎改善を奨励する金銭＝「奨金」

「賞金」と「奨金」に関するさらなる考察

たしかに、「旧来の提案制度」には、そのような意味がある。なぜなら、提案制度の源流であるアメリカのサジェスション・システムは、「職務として、考えることを期待要求されていないマニュアル・ワーカーが、考えてくれたから、賃金とは別に、褒美を与える」――という考えに基づくもの。

もちろん、移民国家であるアメリカでは、その当時としては、必要かつ、当然な対応だった。

「賞金」は正確には「褒賞金」だろう。「褒賞」は「褒めて金品を与えること」だが、それは「良いアイデアを出したので、褒めて、褒美を与える」――という「旧来の提案制度」の考え方に合致している。

一方、「奨金」は厳密には「報奨金」。「報奨」とは「報い励ますこと」で、それは「各人の仕事の改善への取り組み」を奨励する「実施型・改善制度」の考え方と一致している。

「褒美」の意味を極端化すれば、それは「鼻先のニンジン」のようなもの。あるいは、芸を仕込まれる動物に与えられる「エサ」のようなもの。

ゆえに、プライドの高い社員は、「オレはそんな小銭が欲しくて改善したのではない」と反発していた。

改善制度に「賞金」は不要

しかし、日本ではこのような考え方は通用しない。社員に対して、「考えることを期待も要求もしない」「指示されたとおりにやるだけでいい」

賞金と奨金の

用語の違いにおける旧来の提案制度と改善制度の基本的な考え方の違い

旧来の**提案**制度では**賞金**が使われている。それは英語の**Reward**を翻訳したもの。
日本の提案制度は、主として米国の**Suggestion System**をマネたもの。そのため、「アイデアを買い取る」or「アイデアとカネの交換」といった観点から**Reward＝賞金**という用語が使われてきた。

(アメリカの提案制度ポスター)

その後、日本型提案制度→実施型**改善制度**へ進化していった。それは「アイデアを買い取る」というコンセプトから、社員の**改善意欲&能力の開発**という位置づけの変化でもある。そして、社員の改善への取り組みを、認め・褒め・励まし、奨励するという意味から**奨金**という用語が使われるようになった。

言葉は、必ずしも厳密に定義→使い分けられているわけではない。だが、一般的に、次のような解釈や「使い分け」がなされている。

賞金＝Reward

旧来の提案制度の用語／アイデアを買い取る・金銭と交換

奨金＝Recognition

改善制度の用語／社員の改善を認め、褒め、励まし、奨励する

――というのは一種の侮辱である。

程度の差はあれど、各人がそれなりに考え、工夫することを期待し、要求しているのが日本の労働規範であり、それが日本人の労働観であった（過去形とすべきか？）。

このような労働観には「賞金＝ご褒美」という用語や考え方はふさわしくない。ゆえに、常に違和感がつきまとっていた。

その中から生まれてきたのが「奨金＝報奨金＝奨励金」という用語であり、考え方である。

それは「社員の改善を金で釣る」というのでなく、「各人が自分のために、自分の仕事のやり方を工夫するのは当然。それに賞金＝ご褒美を払うのはオカシイ」――という考え方に基づくもの。

つまり、「自分の仕事の工夫は、金に釣られてやるべきではないので、賞金＝ご褒美など不要」――という考え方である。

たしかに正論である。ゆえに、改善制度における奨金を廃止した会社もかなりある。

そのような会社では、「我社の社員には、仕事のやり方を常に見直し、工夫し、改善することが求められている」というようなことが明文化されている。

たとえ、文書化されなくても、それが「社風」や「企業体質・職場風土」となっている。仕事には改善が含まれ、「改善は業務の一環である」という位置づけがなされている。

ゆえに、改善に対して奨金など一切ない。その代わり、「各人の改善への取り組み」の状況は、「人事考課の参考指標」となっている。改善は「業務の一環」なのだから、「評価指標」に改善が含まれるのは当然。

☆

とはいうものの、現在、「奨金」を廃止している企業の割合は、大きくはない。大多数の企業では、旧来の提案制度の延長として、何らかの支払いがなされている。

だが、その企業が、どの程度意識しているかは別にして、それは「賞金」ではない。あくまでも、「奨金」である。

もちろん、すべての会社で「賞金と奨金」が区別されているわけではない。かなりの会社では「旧来の提案制度」の延長として、惰性的に「賞金」が使われている。

だが、そろそろ、そのような「惰性的な考え方」は改めるべきだろう。

「制度」は後から変わっていく

モノゴトは「考え方」に基づいて、実体が変化するのではない。逆だ。世の中の変化にあわせて、まず、先に「実体」が変化していく。もちろん、それは部分的であり、整合性のあるものでもない。

「なし崩し的・場当たり的」な変化に過ぎない。しかし、やがて、それでは

提案制度→賞金

実施済み提案→賞金 or 奨金

改善制度→奨金

対応できなくなる。

その時点で「制度改訂」などが必要となる。このように「考え方」というものは、現実の変化を「追認」する形で変化していく。

それは改善制度においても同様。最初から「奨金」という用語や考え方があったのではない。

戦後、アメリカから導入された「提案制度」は、「実施型・改善制度」へと変化してきた。

それは一気になされたものでなく、「提案制度」の行き詰まりを克服する試行錯誤によるもの。

たとえば、「実施済み提案」という奇妙な用語がある。「実施済み提案＝実施したことを提案する」では、意味をなさない。正確には「改善報告」だ。

しかし、過渡期ではナニゴトも混沌としている。用語も折衷的、中途半端な言葉が使われる。暗中模索の段階では、「考え方」そのものが明確でないので、その用語もかなりアヤフヤ。

しかし、混沌の中から、だんだんと方向が見えてくる、そして、「考え方」や「用語」も明確になってくる。

「賞金」に代わって、「奨金」という用語が、使われるようになったのは、「実施済み提案」という奇妙な言葉が「改善報告」という「正しい日本語」に置き換えられるようになったのと、ほぼ同時期である。

☆

変化は先進的な個人や組織によってなされる。これらパイオニアは試行錯誤を繰り返し、その中から、「新しい考え方」を整理し、そして「新しい用語」を明確にしていく。

混沌としていたものに、用語が与えられ、考え方が確立されると、大多数の人や組織に一挙に普及していく。

この歴史的法則によれば、今まで、一部の先進的企業で使われてきた「奨金」や「改善報告」といった「用語や考え方」も、大多数の企業に普及する時期に至っていると。

4 究極の「改善的・改善審査方式」
①「奨金・なし」→等級審査なし
②「一律○○円」→等級審査なし

「賞金」と「奨金」の「区別・明確化」の必要性はわかった。だが、そのような「理論・だけ」では、実際の改善活動の「定着化→活性化」はできない。ナニゴトも、「理論・理屈」だけでなく、現実に対応する「具体的な方法」が求められる。

それでは「奨金」の考え方に基づく、「改善的・審査基準」や「審査方法」とは、どのようなものだろう。

☆

最も「単純・明快」なのは、「奨金・なし」だろう。奨金がなければ、もはや、等級を決める必要はない。よって、少なくとも「等級・審査」は完全に不要となる。

後は、提出された改善用紙の内容が「改善の条件」を満たしているか、どうかを「判断→指導」するだけでいい。

等級審査という最も厄介なことから解放されるので、審査者（上司）は、改善活動の「本来の目的」である「部下の改善意欲と能力の開発」に、充分な「時間とエネルギー」を投入できる。

このように「奨金やめる→等級審査やめる」というのが、最も手っとり早い改善的な方法であり、それが改善活動の「あるべき姿」である。

☆

しかし、実際には、今まで「奨金」を払っていた会社がいきなり、「奨金・廃止」とするのは、かなりの困難が伴う。

もちろん、それを断行し、その結果、却って改善が活性化した会社もある。しかし、それは、必ずしも「すべての会社」に適応できるとは限らない。

改善とは「現実対応・制約対応」である。ゆえに、即座の「廃止＝やめる」が難しいなら、「やめる・減らす・カエ

審査・指導
改善の条件を
満たしているか
改善の
意味・意義・定義の
判定・判断・指導
①不満→工夫へ
②提案→実施へ
③修繕→改善へ
さらに改善
もっと改善
等級・審査
等級決める
値決めする
賞金決めたら
それで
オシマイ

ル」という「改善実施の3原則」に従えばいい。

すなわち、「減らす＝簡素化・単純化・シンプル化」という対応が勧められる。

奨励なら、等級は不要

「社員の改善」を奨励し、それらを「後押し＝推進する」という意味から、「奨金」という用語が、理解され、使われるようになってきた。

「奨励」ならば、「細かい値決め＝細かい等級」は不要である。

それどころか、むしろ、

「社員の改善に、等級をつけるなんて失礼ではないか」

――という声さえ出てくる。

「奨金＝奨励金」とは、

◎「よく、改善やってくれた。
その調子で、また、
次の改善も頼むよ」

――と、「次の改善」への取り組みを期

待し、励ますものである。

そして、

「奨金ならば、詳細な審査＝値決めは不要だ。ならば、むしろ、一律○○円でいいではないか」

――ということになる。

「一律・○○円方式」なら、話は簡単。もう、「審査＝等級の決定」に悩むこともない。

それは「改善」か「改善でない」かを「判定する・だけ」でいい。それには「改善の定義」、すなわち、次の「3項目」を明確にしておくだけでいい。

①「やり方変更」（手段選択・方法変更）
②「小変」（小さな変更）
③「制約対応・現実対応」

改善＝シンプル化

「一律○○円」ならば、

「同じような改善なのに、どうして、オレのが500円で、アイツのが千円なんだ。おかしいではないか」

――などという「抗議」に悩まされることもない。

なにしろ、最初から、すべての改善に対して、すべて「一律○○円」と、「宣言」しているのだから。

このように、「一律○○円方式」にすれば、改善活動におけるゴタゴタのほとんどは解消される。

審査だけに限らず、「世の中のゴタゴタ」の大半は、だいたい「お金にかかわること」だから。

「肝心なところ」を単純化すれば、「制度そのもの」も、非常に単純なものとなる。

☆

「改善制度の改訂」において、まかり間違っても、絶対に「増やす＝複雑化・煩雑化」をしてはならない。

「愚かな会社」で、よくある事例だが、たとえば一次審査の「奨金額」が「500円」と「千円」だった場合、審査者から、

「500円にも、千円にも該当しない事例があるので、中間の700円を」

――という要望が出てくる。

それに対応した場合、次には

「500円にも、700円にも該当しない事例があるので、中間の600円を」

――という要望となる。

そして、最後には「100円刻みの奨金体系」となり、審査は、煩雑化し、やたら手間のかかるものとなる

しかも、時間をかけて審査しても

「500円と600円はどう違うのか」

「何が、500円と600円の違いか」

――という質問に対して、何も解答できず、しどろもどろになってしまう。

☆

今まで、「提案制度」や「改善制度」において、従来の「等級審査方式」に慣れている人にとっては「一律○○円」などという方式は、やはり受け入れがたいだろう。

そのような会社や担当者に対しては、日本HR協会が長年にわたり、提唱してきた「即決・審査方式」、別名、「エ

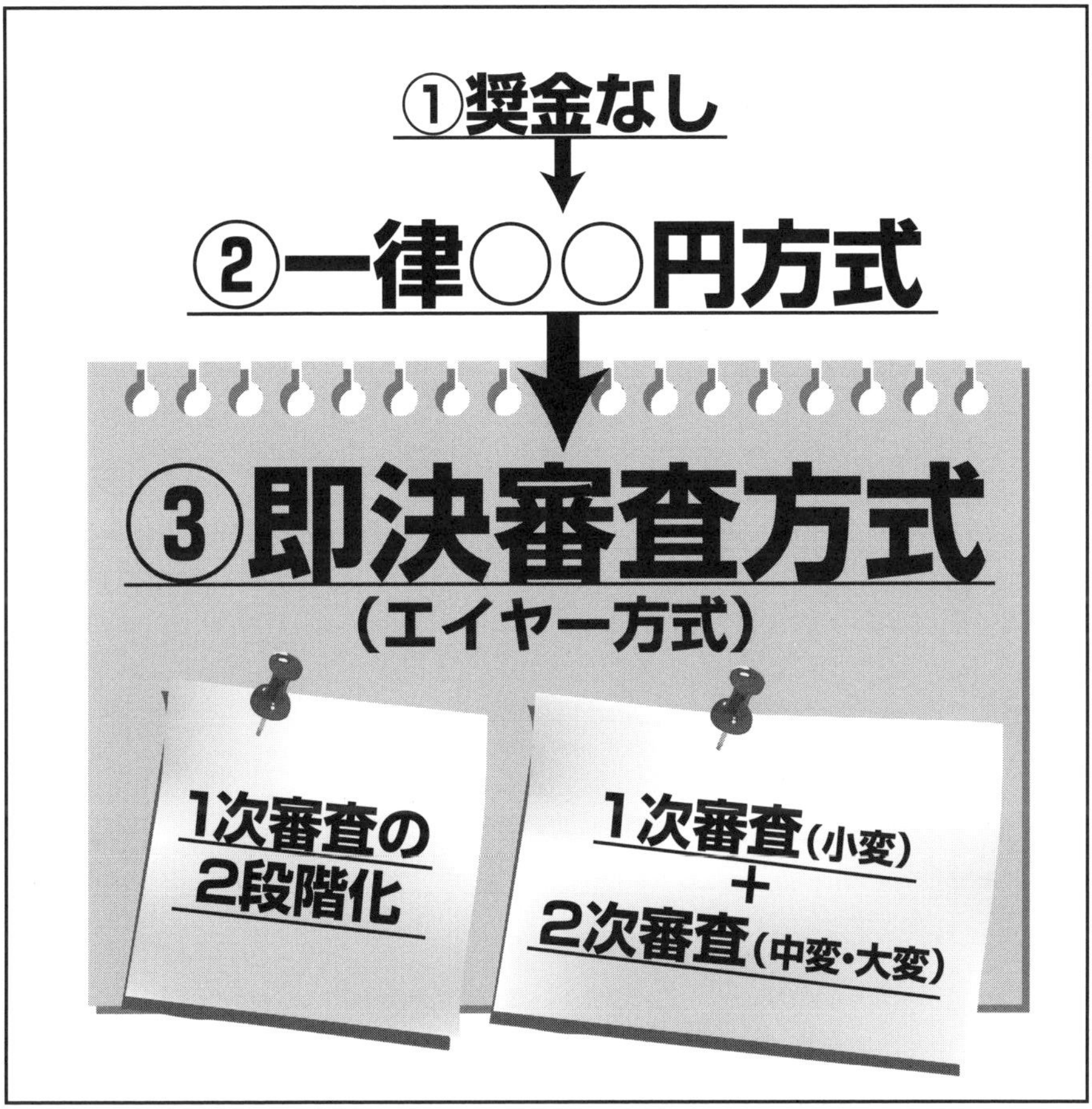

イヤー審査方式」が勧められる。

それは、

①「1次審査」＋「2次審査」

②「1次審査の2段階化」

――を骨子とするもので、より現実的な対応となっている。

実際に、多くの企業で採用され、効果的な改善活動の指導・推進に役立っている。

なお、「即決審査方式・エイヤー審査方式」に関しては、次章にて詳しく解説。

☆

「改善の定義」や「提案と改善」に関する詳細は、次の「改善・教材」が勧められる。

＊テキスト「改善・基礎講座」
「改善・応用講座」

＊DVD教材「改善・基礎講座」
「改善・応用講座」

第4章

「即決・審査方式」の考え方と実際の方法

1 「改善審査の改善」にも「改善3原則」の応用を

日本HR協会は、「創意とくふう」の創刊以来、30年にわたり、「各社の審査基準や審査方法」を研究し、「より良い審査法」を追究してきた。

また、「審査研修」なども開催して、「審査問題の解決」に努めてきた。そのような試行錯誤の結果、現在は、次のような見解に至っている。

☆

①完全に「客観的・公正公平・厳正な審査」は不可能である

②審査には、常に「バラツキ・偏り・不公平」が伴う

③審査をしなければ、審査をやめれば「審査の問題」もなくなる

☆

「審査は厳正・公正・公平に――」と宣言している企業には、はなはだ不都合な見解かもしれない。しかし、それが現実だ。

改善審査の問題点

もちろん、「正解がひとつ」しかない「○×式問題」なら、客観的な採点も可能だろう。

だが、「問題の解決策」はけっして「ひとつ・だけ」ではない。ゆえに、改善には「複数の正解」がある。

また、「マーク・シート方式」なら、機械的な採点もできるだろう。だが、改善はすべて「記述式」である。「記述式問題の採点」には、常に「採点者によるバラツキ」がつきまとう。

しかも、改善は「前例のないこと」が次々に出てくる。ゆえに、前例に基づく「サンプル・判例方式」など意味がない。

また、内容とは関係なく、ただ単に、

☆「詳しく書いているから、良い」
☆「たくさん書いているから、良い」
――と考える審査者もいれば、逆に、
★「ダラダラ書いているから、ダメ」
★「長々と書いているから、ダメ」
――と判断する審査者もいる。

このように「文字数」という客観的な事実に対しても、審査者の見解によって、まったく「逆の評価」となることもある。

まして、「改善内容」に対する評価は大きく異なる。よって、改善審査に「バラつき・不公平」があるのは当然である。

バラツキを抑えるため、「審査のベクトル統一」などもなされてきたが、それにも限度がある。

「ベクトル」は「方向と量」の2つの要素の意味だが、審査の「量的バラツキの調整」はともかく、「方向の統一」はかなり難しい。

たとえば、「報告は簡潔・簡単に」という「ビジネス原則」を説明しても、

「詳しく書け」
「ちゃんと書け」
「誰にもわかるよう詳細説明を」
——などと指導している管理職は後を絶たない。

そのような会社や組織では「簡潔な報告」は評価されないので、社員はやたらと「ムダな文章」を書き加え、「複雑な文書」の作成に努めている。

一般的に、「仕事の成果」よりも、「労働時間の長さ」が評価されている職場では、文字数や頁数の多さが、そのまま「文書の評価」となっているようだ。

また、「簡単な改善」に対して、
★「そんなことはアタリマエ」
★「何を今更、そんなこと」
——などと、切り捨てる上司もいる。

それとは、まったく逆に
☆「アタリマエのことが実施されていないのが、現実である。ゆえに、アタリマエのことを、アタリマエにできるようにしたら、立派な改善だ」
——と、高く評価する人もいる。

あるいは、
★「チャチな改善はダメ」
★「効果の小さい改善はダメ」
——と、判断して、低い評点をつける人もいれば、逆に、
☆「チャチなものほど、良い改善」
☆「手間をかけないのが、良い改善」
——と、「より良い評価」を与える管理職もいる。

☆

このように、
①「記述式」である
②「前例のない内容」がある
③「審査者」の見解が異なる
——という前提がある限り、改善の審査は「偏り・バラツキ・不公平」から逃れられない。

つまり「審査は厳正・公正・公平」という宣言は単なる「タテマエ」に過ぎない。あるいは「まったくの虚偽」か「神話」でしかない。

問題解決の「3原則」

では、「改善審査」における様々な問題を解決するには、どうすればいいのだろうか。

「仕事の問題解決」には「やめる・減らす・カエル」の「改善3原則」が有効だが、それは「審査問題の解決」にも同様だ。

①やめる

「奨金」をやめる。すると、「審査も不要」となる。審査をやめれば、審査の問題もなくなる。

つまり、「審査するから、審査の問題がある」のだから、その原因を除去すれば、問題は消滅する。

これが最も手っとり早く、簡単で、最も効果的な解決法である。実際に、「奨金廃止→審査不要」によって、改善活動を活性化させている企業は少なからずある。

②減らす

もちろん、すべて会社で、即座に、「奨金廃止→審査不要」が実現できるとは限らない。

それぞれの会社には、様々なイキサツやシガラミがあり、「最善策」が実施できるとは限らない。

そのような「現実的制約」に対して「最善に囚われる」ことはない。アレがダメなら、コレでという改善ノウハウに従い、「最善がダメなら、次善」というのが、「改善的な対応」である。

「やめる」が難しいなら「減らす」、すなわち「簡素化」という対応が勧められる。

つまり、「奨金ランク」や「審査の手間」を「減らす」ことで、かなりの問題を軽減化できる。

「最も効果的な方法」は、奨金額を「一律○○円」とすることだ。そうすれば、複雑な審査は一切不要。

また、「偏り・バラつき」という問題

もなくなる。なにしろ、「すべての改善」に対して、「一律○○円」の奨金なのだから。

③ カエル

もっとも、「廃止」も「一律化」もなかなか「実施デキない会社」も多い。それもまた現実である。

そのような「現実的制約」にも対処するのが「改善的な対処法」だ。

「減らす」が難しいなら、その次は「変える」である。つまり、「審査方法」や「審査に対する考え方」を変えればいい。

具体的には、「複雑な審査方法」を「簡単な即決審査方式」に変えるだけでいい。

「即決審査方式」は、別名で「エイヤー審査方式」とも言われているものである。

現在、多くの企業で導入されており、「審査の効率化」と「審査問題の軽減化」に威力を発揮している。

「表面的な変更」でなく、「考え方」を変える

「即決審査方式」への変更は、単なる「審査基準」の変更ではない。それは

★「社員のアイデアを金で釣る」
★「社員のアイデアを買い取る」

——という「旧来の提案制度」の固定観念からの脱却である。

そして、

①「会社のための改善」ではなく、「自分のための改善」を奨励する
②「惰性的な働き方」でなく、常に、「良い方法」を考えながら仕事をする「改善マインドの習慣化」
③「改善的な働き方」を奨励するため、「小さな改善」を「認め、褒め、励ますための装置」としての改善制度

——という改善制度の「考え方・位置づけ」の変更を伴うものである。

☆

左頁の「審査基準表」は、一般的に、「加算方式」、あるいは「積算方式」と言われるもの。

このパターンは「20世紀の後半」まで、多くの企業で採用されていた。当時、「提案活動で有名な会社」が採用していたので、多くの会社がそのままマネたものと思われる。

実際、そのころの「提案セミナ」は「有名会社の担当者」を講師に招いて「我社ではこうしています」といった講義が主流だった。

もちろん、先進企業のノウハウ共有化という観点からは、価値があるものだった。

しかし、その一方で、

「審査基準はこのようなもの」
「審査はこのようにするもの」

——という固定観念から抜け出せなくなる弊害をもたらした。

そして、「審査方法の改訂」といえば、あくまでも、「加算方式のパターン」の中で、イロイロな項目を加えたり、数値を変えたり——という程度のものでしかなかった。

一般的な審査基準（加算方式）

評価項目	区分及び点数			
効　果（利益等）	多大である	かなりある	少しはある	大してない
	30	25	19	14
独創性	着想が優れている	かなり創意がある	少しは創意がある	極めて常識的である
	20	18	15	13
実施時間	すぐ実現できる	少し準備期間を要する	かなり準備期間を要する	遅延する
	10	8	7	5
応用範囲	広い範囲である	かなり応用できる	限られている	極く限られている
	10	8	7	5
努力工夫	著しく努力工夫がある	かなり努力工夫がある	少しは努力工夫がある	大した努力工夫が認められない
	20	18	15	13
経　費	ほとんど要しない	かなり要する	相当要する	多額の費用を要する
	10	8	7	5

等級早見表					
	種別	A	B	C	不採用
	得点	90以上	80以上	70以上	69以下

☆

「旧来の提案制度」と、現在の主流となっている「実施型・改善制度」との違いに関する理論的な説明は、第3章の「奨金と賞金」を参照。

「即決審査＝エイヤー審査方式」の「考え方」を納得するには、「奨金と賞金の違い」の背後にある「旧来の提案制度」から「改善制度」への歴史的な理解が不可欠である。

「奨金と賞金の違い」を理解した上で、「即決審査方式」への考察と検討が勧められる。

☆

「他社はどのようにしているか」——という質問では、ただ単に各社の「審査基準」などの「表面的マネ」に陥ってしまう。

しかし、「どのような考え方で」という質問なら、「自社の目的」に合致したものを選択、さらに工夫できる。

2 即決審査方式による例外には「2段階方式」で対応

「旧来の提案制度」から、現在の主流となっている「実施型・改善制度」への変遷にともなって「ショウキン」の意味も、

★「アイデアを金で買い取る」

★「アイデアと金の交換」

——という「賞金」から、

☆「社員の改善を認め・励ます」

☆「社員の改善を奨励する」

——という「奨金」に変化してきた。

「奨金」なら「審査も等級」も不要

そして、「奨金」ならば、「等級」は不要であるという理論も成り立つ。たしかに、各人の改善を「認め・褒め・励ます」ためなら、審査して、細かな等級をつける必要はない。

「一律○○円」でいい。そのほうがスッキリする。「余計な手間」もかからない。また、最初から「一律○○円」となっていれば、少なくとも「審査による不公平」はない。

☆

だが、この世の中は理論や理屈だけで動くものではない。特に、人間には「感情や心情」というものがある。

長年、提案制度における「賞金＝等級方式」になじんできた人々に、急に「一律方式」と言われても、スグには、受け入れ難いだろう。

そのような場合、すべてを、一挙に、イキナリ廃止ではなく、少しずつ段階的に「減らす→やめる」というのが「改善的・対処法」である。

例外には、例外対応

また、改善は「仕事のやり方を、小

例外には２段階で対応
1,000円以下の審査は
エイヤー即決で充分
効果
賞金
意味合いが違うのだから格段の差をつけるほうがわかりやすい
2次審査は効果に対応
積算方法
1次審査は改善の奨励
即決方式
奨金500円～1,000円
賞金3,000円～

さく、少しずつ変えていく、つまり、小変である」――と定義していても、ナニゴトにも「例外」がある。

「改善活動＝小変活動」においても、例外的に、たとえば、「数百万円」の経済効果などという「大変＝大掛かりな変更」がなされることもある。

それに対しても、理論的には、もちろん、「一律○○円の奨金」でもいいのだが――。

しかし、それでは、どこか「割り切れない気持」が、与えるほうにも、受け取るほうにも、残る。

そのような「例外」に対して、けっして、硬直した教条主義に陥ることはない。

「原理・原則」は明確にしておくが、その運用には、かなり、柔軟なのが、「改善的な対応」である。

そこで登場するのが、「例外対応」としての、

①「２次審査方式」
②「１次審査の２段階化」

――である。

それは「改善の大多数」を占める「小変」と、例外的な「中変・大変」を分離しようというもの。

つまり、例外的に「大きな効果」がある「中変・大変」は、「2次審査」を設けるという方法だ。

「2次審査」は、「効果」に対する「払戻し＝ペイ・バック」的な考え方を取り入れてもいい。

その場合、「旧来の提案制度」の「賞金の考え方」に基づいて、「詳細な審査基準表」を用いてもいいだろう。あるいは、委員会での審議でもいい。

「例外的なもの」ゆえに、そんなに発生するものではない。だから、多少とも、「時間や手間」が余計にかかっても問題はない。

エイヤー審査方式

一方、「改善の大多数」を占める「小変」に対する「1次審査」は、「奨金の考え方」に基づき、

①手っとり早く
②手間をかけず
③即決・即断すべき

――である。

「奨金＝奨励金」という理屈からは、「1次審査」は、すべて「一律〇〇円」でいい。

しかし、「1次審査」を担当する「直属の上司」としては、どこか「割り切れない」ものがある。

たとえば、その改善が、実施されるまでに「イロイロな困難や苦労」があった場合。あるいは、今まで、まったく改善をしなかった部下が、初めて改善してくれた場合――など。

上司としては、ちょっと「色をつけてやりたい」――という気持にさせられることがある。

そのような「現場特有」の「人間的な要素」に対しても、改善はけっして石頭ではない。

そのような「人間くささ」への対応として、「1次審査」を担当する直属の上司に、例外的に色をつける権限を与えてもいい。

原則として、たとえば、奨金は一律「500百円」だが、特別の場合、上司の判断で「千円」としてもいい、という「例外規定」を設ける。

もちろん、その場合も「詳細な審査基準表」というものはない。

「例外としての奨金・千円」の決定は「1次審査者」である「直属上司」に完全に任されている。

せいぜい、「部下の改善意欲を引き出すための指導・教育的な見地から、特例を認める」――などの注釈がついているに過ぎない。

これが「エイヤー審査方式」と言われるものである。つまり、

①「小変の奨金」は、すべて、「一律500円」とする
②ただし、特別な場合、「1次審査者の裁量」で「千円」も、認める

――という、たったそれだけの、最も

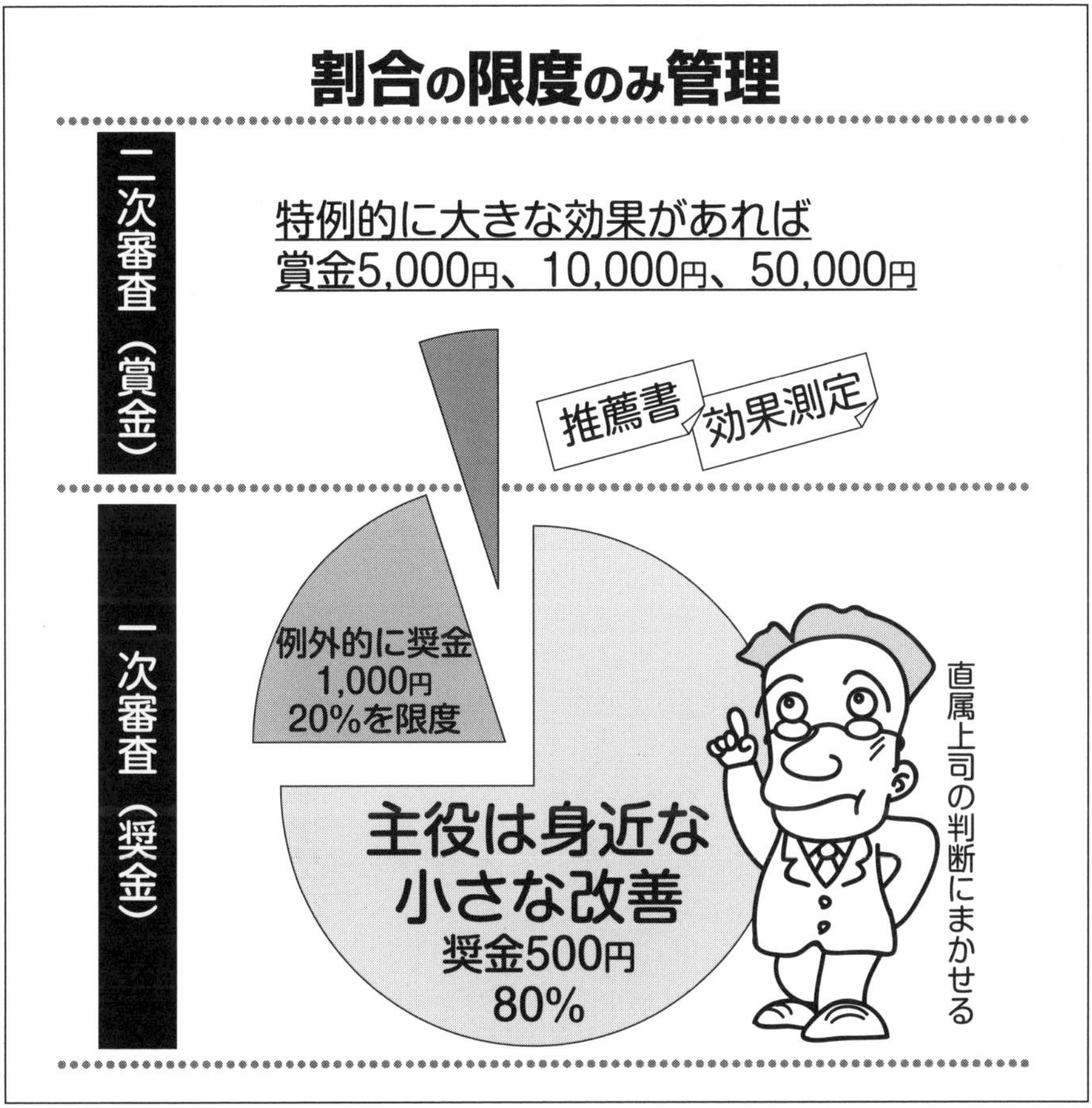

「シンプルな審査基準」である。

これなら、もはや、どの「等級」にすべきか、迷ったり、悩むこともない。まして、「詳細な基準表」で採点や計算をする必要もない。

なにしろ、「日常的なちょっとした工夫＝小変」は、「一律５００円」でいいのだから。

そして、少し「色をつけたい」という特別な場合、「エイヤー」と言って、「千円」にすればいいのだから。

これにまさる「簡単・簡潔・単純な審査方法」はあるだろうか。いや、おそらく、ないだろう。

「甘い・辛い」の不公平

ただし、この方式には、ひとつだけ「欠点」がある。それは「甘い上司」と「辛い上司」がいることだ。

「辛い上司」は、すべての改善に対して、ほとんど「５００円」ばかりで、あまり「千円」は出さない。

それに対して、「甘い上司」は、特例奨金の「千円」ばかりとなる。

とにかく、

「どうせ俺の金じゃないんだから」

――と、気前よく、ナンでもカンでも「千円」を乱発する。

一方、「辛い上司」は「自分の金」ではないのに、やはり、「その程度の改善に、千円は払えない」と言って、「500円」ばかりとなる。

これでは、「辛い上司」の下にいる社員はたまったものではない。このような「不公平」は、なんとかしなければならない。

かといって、「判断・裁量」を任せている以上、「個別の決定」に対して、事務局や委員会が、ツベコベと「余計な口出し」はできない。

また、実際に「個別の審査結果」をチェックしたり、監査していたのでは、膨大な手間がかかり、これでは「エイヤー方式」の意味がなくなる。

審査規定として、「1次審査者」にその「裁量・決定」を任せた以上は、後から、外野から、アレコレ言うべきではない。

「割合」の「限度管理」

そこで、この問題の「もっともシンプルな解決策」として、

◎「例外・奨金」としての「千円」の割合は全体の「2割以下」とする

――という「割合・限度管理」という方法が勧められる。

つまり、「個別の審査・決定」は、「1次審査者」に、完全に任せているので一切、干渉しない。

しかし、「全体的な公平性」を維持するため、「例外・千円の割合」には限度を設け、管理するという考え方である。

よって、事務局は「1次審査者」の「奨金額の割合・だけ」をチェックするだけでいい。

そして、「2割の特例限度」を超える場合のみ、審査者に対して、警告や必要に応じて指導すればいい。

つまり、「個別の特例審査」に関しては、「直属の上司」、すなわち、

①「その職場」を、最も知っている者

②「その仕事」を、最も知っている者

③「改善者」を、最も知っている者

――に完全に任せる。

そして、「個別の審査結果」に対しては、一切、干渉しない。なにしろ、1次審査は、完全に「委任＝任せた」のだから。

ただし、「全体の公平性」を守るため、その「割合・だけ」は限度を設け、「管理→修正・指導」をする。

☆

「個々の改善の審査」は、1次審査に任せる。ただし、「任せっ放し」の「放任」ではない。全体の割合は管理する。

つまり、「ミクロ」と「マクロ」の「使い分け」が「改善的・即決審査方式」の基本である。

小変＝改善の即決・審査

1) 小変（奨金 1000 円以下）の審査には詳細な審査基準や採点表による計算は不要

次の「改善の３要素」を満たしていれば、

小変の奨金＝**原則一律500円**にて、即決する。

①「**実施済み**」である（ささやかだが「実質効果」あり）

②「**やり方」の変更**がある

③「**任務目的」に合致**した変更

2) 例外的対応として、**奨金1000円**も認める。

①その割合は２割を限度とする

②「特別の理由」がなければ「小変＝すべて **500** 円」

③「奨金＝ **1000** 円」の決定は

＊「その仕事＆改善の内容」

＊「その職場＆改善者の事情＆状況」－－を

最も知っている**直属上司**が

自信と責任を持って、直感で決定すべき。

3) 個別の審査判断は「直属上司」に任せる

部外者が「個別の審査結果」に対し「**500** 円か、**1000** 円か」という議論は「ムダ＝不要」である。

4) 事務局は「特別の理由」と「一次審査」の「**1000** 円＆ **500** 円の割合」のみ監視・管理する。

「放任」ではなく、「全体管理→軌道修正」する。

3 「即決審査方式・エイヤー方式」の歴史と先進企業での導入→実施・実績

もっとも、「エイヤー方式」という名称に対しては、かなりの強い抵抗がある。

「そんないい加減なことでは社員に失礼ではないか。ちゃんと審査すべき」

——と怒り出す人もいる。

たしかに、「旧来の提案制度」において言われていた「審査は公平・厳正に」という文言を信奉している人にとって、「エイヤー方式」などは、まさに「とんでもナイ」ことだろう。

だが、この「審査方式そのもの」は「その名称」はともあれ、実質的には改善の盛んな企業では、すでに、かなり前から実施されているものである。

30年前からの実績

たとえば、左の表は一九八〇年代の「トヨタ自動車の審査基準表」である。ほとんどの企業の審査基準表の「原型」となっている「加算方式・積算方式の見本」というべき「基本的な様式」だろう。

「何も知らない人」は、この「審査表の詳細」さに、

「さすがはトヨタ自動車だ」

「さすがに、しっかりしている」

——などと感心するかもしれない。

しかし、「トヨタ自動車」における改善活動の「本当のすごさ」は、そのようなものではない。

左上に、小さな字で書かれた「500円と千円は採点記入しなくてもいい」という脚注にこそ、改善制度における「トヨタ方式」の真髄がある。

☆

なぜなら、ほとんどの「審査者」は「改善の内容」を見た瞬間に、

創意くふう提案審査採点基準表

得点	C 0~4	B 5~7	A 8~9	10~13	14~17	18~21	22~25	26~29	30~33	34~37	38~41	42~
賞名	提案賞			優良賞		優秀賞		最優秀賞				特別最優秀賞
	C	B	A	B	A	B	A	D	C	B	A	
賞金額 円	なし	500	1,000	2,000	4,000	6,000	8,000	10,000	20,000	30,000	40,000	50,000~200,000

H. 8. 10. 1
創意くふう委員会

500円と1000円の割合は「8対2」を目安とする（採点記入はしなくてよい）

創意くふう審査採点表

効果A	0	1	2	3	4	5	6	7	8	9	10	11	12	13	14	15	16	17	18	19	20	
得点	0	1	2	3	4	5	6	7	8	9	10	11	12	13	14	15	16	17	18	19	20	・効果Aは20点満点
コスト低減（万円／月）	ない	~1.5	1.5~	3.0~	6.0~	10~	15~	20~	30~	40~	50~	65~	80~	100~	150~	200~	250~	300~	350~	400~	500~	
人員削減（人）												1人				2人			3人		4人~	

効果B	0	1	2	3	4	5	6	7	8	9	10	11	
得点	0	1	2	3	4	5	6	7	8	9	10	11	・効果Bは20点満点
工数低減（時間／月）	ない	1~	10~	30~	50~	70~	100~	130~	160~	200~	250~	300~	

効果B 得点	0	1	2	3	4	5	
安全	効果がない	従来より安全になった	意識しなくても安全が保てる	不注意による災害が防止できた 不休災害の発生が完全に防止できた	二重の安全が保証された 休業災害の発生が完全に防止できた	どんな状態でも安全が確保できる 重大災害の発生が完全に防止できた	
衛生（作業環境）		作業が楽になった 作業環境がよくになった	疲れやすい作業が廃止できた 嫌気のでる作業環境が改善できた	不自然な作業姿勢が廃止できた 苦痛な環境が改善できた	半直交替の作業が廃止できた 保護具着用が不要の環境になった	作業時間の制限や保護具の着用がなくなり、特作手当の見直しもできた	
品質（含商品力向上）（定量的なものは除く）		製品品質の維持または向上がはかられた	不良の発生が防止できた	不良の発生がなくなり、チェックが不要になった	品質が向上し、信頼性が高まり、検査工程が廃止できた	商品価値が高まり、会社のイメージアップがはかれた	
その他		少しは効果がある	かなり効果がある	相当に大きい効果がある	非常に大きい効果がある	極めて大きな効果がある	
<特別項目>							・「特別項目」は各工場毎に設定

得点	0	1	2	3	4	5
利用度（利用度は実施が具体化している場合に限り、採点できる）	ない	工場内・部内・課内に利用できる改善やアイデアの一部が利用できる	工場内・部内・課内に利用できる改善内容をそのまま利用できる	他工場（または他社）で利用できる改善やアイデアの一部が利用できる	他工場（または他社）で利用できる改善内容をそのまま利用できる	「4」のほか、異業種・異工程にも利用できる。商品化の可能性もある

得点	0	1~2	3~4	5~6	7~8	9~10	11~12
独創性（改善を完成させる上でのアイデア・工夫の度合い）	ない	アイデアの評価は低いが工夫がある	従来のアイデアをうまく組み合わせた創意と工夫がかなりある	創意と工夫があり、アイデアも進歩性がある。（公開技報の申請相当）	創意と工夫が相当あり、アイデアも進歩性がある（特許・実用新案の申請相当）	創意と工夫に優れ、アイデアに新規性がある（特許・実用新案の審査請求相当）	（極めて優れた特許・実用新案に相当）
着想性（改善に結びつく問題点としてのとらえ方、目のつけどころ）	ない	他からのアドバイスやヒントで着眼したが目のつけどころが良い	慢性的に困っている問題点に着眼している点がかなり良い 類似のものに新しい工夫を加えた	日頃見逃されていた問題点をとらえた着眼度が良い	日頃見逃されていた問題点をとらえた着眼度が非常に良い。新しい着想で自部署に類似のものがない	誰もが気がつかないような問題点をとらえた着眼が非常に良い。新しい着想で社内に類似のものがない	大きな問題点で、着眼が極めて良い
努力度	ない	努力してることが認められる	実施する上で苦労があり、かなり努力していることが認められる	実施する上で長期間にわたり、苦労しており相当に努力していることが認められる	実施する上で問題になった諸条件を克服し苦労と努力が大きく認められる	不利な条件を克服して、極めて大きな苦労と努力をはらったことが認められる	極めて不利な条件を克服し、極めて大きな苦労と努力が認められる

○改善に要した費用等
1. 効果（コスト・工数）で相殺する
2. 月あたりの点数に置き換えから差し引く（投資減点）

○職務との関わり および 事技員・上司の関与
1. 職務上および職制ルートの改善で、提案者にアイデア・工夫の無いものは提案として認めない
2. 改善のアイデア部分に事技員や上司が関わっている場合は、関与の度合に応じて採点する

○事技員の提案
1. 別に定める基準により採点する
（職務減点）

賞金基準

得点	0~4	5~7	8~9	10~11	12~14	15~
賞金額(円)	なし	500	1,000	2,000	3,000	4,000

500円と1000円の割合は「8対2」を目安とする（採点記入はしなくてよい）

即決審査方式
（別名：エイヤ審査方式）
①小変＝1次審査は採点不要
②直属上司が責任＆直感で判定
③事務局は割合のみ監視・管理

「これは500円だな」
「これは千円にしよう」
「これは2次審査に回すべきだ」
——と結論を出している。

だが、そこに「詳細な審査基準」があると、ムリやりに「数値合わせ」をしなければならない。

直感的に、「奨金＝500円」と判断していた改善も、あらためて、採点し、計算してみると、「千円」に、なってしまうこともある。

すると、
「これはいかん。やり直しだ」
——と「消しゴム」で消す。

そして、今度は「500円」の得点に収まるように「再・計算」していた。

1次審査は直感判定で

これほど「バカげたこと」はない。なにしろ、すでに「結論」は出ているのだ。それに「ムリやり合わせる」ために、ワザワザ再計算して、数値をイジ

り、操作するのは、まさに「本末転倒」である。

「忙しい上司・給料の高い管理職」に対して、あたかも「採点ゴッコ」のような「アホなこと」をさせるほど、愚かなことはない。

かくして、「1次審査」に関しては、「直感的に、判断決定すべき」として、「ツジツマ合わせの採点」を不要としたのである。

それが、「500円と千円は採点記入しなくてもいい」という脚注の意味である。

これこそ、「愚劣な形式主義」を廃し、「現場の実体・実情に合わせる」という「現場主義」そのもの。

「形式的な規則や書類」にムリヤリ「現実を合わせる」のでなく、

☆「現実に合致した規則に改める」

☆「現実に即した運営とする」

――というのが「真の現場・現実主義」である。

トヨタ自動車では、30年以上も前から、その「現実」を見抜き、現実に対応すべく、今日の「エイヤー方式」の原型ともいうべき「即決・審査方式」を方法を採用・実施していた――というのが「歴史的事実」である。

新進企業では導入済み

このような「審査方式」の解説記事は当時の「創意とくふう」誌にも掲載されていた。また、一九八九年に発行された「改善提案①②③」(日刊工業新聞社刊)などでも紹介されていた。

「先進的な企業」では、さっそく、その「考え方」を取り入れ、

＊「即決型・審査方式」

＊「簡素型・審査方式」

――などの名称で、採用され、普及していったものである。

このように「エイヤー審査方式」の「考え方」と「導入→適用」は　実質的には、30年以上も前からなされ、改善活動の「継続→定着化→活性化」に威力を発揮している。

なお、そのころ、日本HR協会の主催で、毎月、開催されていた「改善推進・研究会」において、メンバー会社の担当者から「エイヤー審査方式」という、非常にインパクトのある命名がなされた――というイキサツもある。

☆

もちろん、「エイヤー審査方式」というのは「一種の通称」に過ぎない。

ゆえに、この名称に抵抗があるなら、

＊「即決・審査方式」

＊「簡素・審査方式」

――など、「抵抗感や差し障りのない名称」にすればいい。

「名称」はともあれ、この方式は、

①「形式論」ではなく、「現場主義」

②「賞金」でなく、「奨金＝奨励金」

――という「2つの基本的な考え方」に裏打ちされている。

「実施済み改善」が主体という「現実」を直視するなら、「旧来の提案制度の固定観念」から脱却すべきだろう。

即決審査の理論的根拠

小変＝改善＝奨金は即決審査

大変＆中変＝賞金は採点審査

1）戦後、米国企業から学んだ**提案制度**は
アイデアを買い取るというもの。それゆえ、
主として**会社にとってのメリット**を
計算→採点審査、それに基づき
賞金＝Rewardを支払うシステム

2）その後、日本型**改善制度**への移行に伴い
「社員の改善への取り組み」を
奨励するという意味から、**小変**＝ちょっとした工夫に
奨金＝Recognitionが導入された

3）**奨金**は社員の改善意欲＆能力の開発、
教育投資という位置づけより、
効果計算→厳密な採点審査は不要
一律〇〇円か、２～３段階を即決審査

4）**大変＆中変**に対する**賞金**は
効果を計算→基準表に基づき、
厳密に採点審査する

4 なぜ、「改善・審査方法」の改善（やめる・減らす・カエル）が必要か

ナニゴトも問題がなければ、ワザワザ改善などする必要はない。改善活動が順調なら、「現在のやり方」をそのまま続ければいい。

だが、実際はどうか。多くの会社で「改善の審査」に関して、次のような問題がある。

「改善指導」が疎かになっている

①「不公平感」がある
②「審査に手間」がかかる
③「改善指導」まで手が回らない

☆

特に、審査者（上司・管理職）が、審査に「多大な時間とエネルギー」を取られているのは大問題である。

なぜなら、そのため、部下の改善能力&意欲の開発」という上司・管理職としての「最も重要な任務」が疎かになっているからだ。

これらの問題に対して、

①「審査基準」の見直し
②「審査方法」の工夫

——など、イロイロな試行錯誤がなされてきた。

しかし、それらは、しょせん、

①「社員のアイデアを金で釣る」
②「社員のアイデアを買い取る」
③「アイデアと賞金の交換」

——という「旧来の提案制度」の固定観念を引きずったままの対応に過ぎなかった。

現実に対応した改善を

ところが、日本の改善活動の実体はすでに「旧来の提案制度」から脱皮し、「実施型・改善報告制度」に移行・変化

実施型改善制度
自分の仕事のやり方は
自分で考え、工夫して
自分で実施する
ワタシ言う人
アナタやる人
アナタ任せの
提案制度
旧来の提案制度
提案＝案を提出する
案を提示する

している。

　ところが、「審査基準」をはじめ、「制度自体」は「旧来の観念」のままであった。

　これでは、いくら工夫しても「現実の問題」には対応できない。なにしろ、「基本的な考え方」や「位置づけ」が現実から乖離しているのだから。

　そこで、少しずつだが「実施型・改善制度」の

☆「実体に合致させる工夫」
☆「現実に対応した改善」

――がなされるようになってきた。

　それは改善の大半を占める「小変＝ちょっとした工夫」の審査、つまり、「1次審査」は「詳細な採点は不要」という運用である。

　それによって、「審査者の負担」は大幅に軽くなった。そして、それによって得られた「余裕」を本来の任務である「部下への改善指導」に投入できるようになった。

　さらに、「奨金廃止＝審査廃止」に踏

み切った会社では、完全に「旧来の提案制度の固定観念」から決別することができた。

なぜなら、「社員のアイデアを金で買い取る」という提案制度では、「買い取り価格の決定＝値決め＝審査」が不可欠だったから。

もっとも、「旧来の提案観念」から抜け出せない人々は、

「賞金がなければ、誰も改善しない」
「賞金をヤメルと、改善が進まない」
――などと心配している。

だが、実際はどうだろうか。「賞金廃止→審査廃止」に踏み切った会社は以前にもまして、改善活動が活性化、より多くの、より良い改善がなされている――のが現実だ。

また、新たに改善制度を導入する会社では、「自分のための改善」という位置づけから、最初から「奨金なし→審査なし」としている。

そのため、「旧来の悪しき観念」に毒されることもないので、順調に「仕事の一環としての改善」がなされている。

「提案」という「名称・用語」からも脱却を

近年、「即決審査方式」の導入によって、「旧来の提案制度」からの決別を図っている企業が増えている。

ただ、残念なことに、そのような会社ですら、今なお「提案」という名称や用語を引きずっている。

「提案」とは、読んで字の如く
＊「案を提示する」
＊「案を提出する」
――というもの。

つまり、「ワタシ言う人、アナタやる人」という「実施はアナタ任せの制度」である。

それに対して「実施型改善制度」は「自分の仕事」の「やり方の工夫」は「自分で実施する」というもの。

もちろん、「社員の能力・地位・権限」などの制約で、「すべての改善」が実施できるわけではない。

そのようなものは「実施権限&能力のある人や部署」に「提案＝案を提示」せざるを得ない。

そのため、「旧来の提案制度」も残し、併用している会社もある。

だが、どちらが「主体・主役」だろうか。大部分が「旧来の提案」という「時代遅れの会社」なら、「名称と実体を一致」させるという観点から、「提案制度」という名称でも結構だろう。

しかし、「実施済み改善」の割合が、半数を超えて、実質的には「実施型・改善制度」となっている会社ならば、「実体と名称」を一致させるべく、そろそろ「名称や用語」の「変更や区別化」が勧められる。

☆

「即決審査方式＝エイヤー方式」に関しては、「DVD教材・改善応用講座」にても、多数の画面を駆使して、詳しく説明している。

この「改善・上級講座」も追って、

「DVD教材・上級講座」を制作予定である。

しかし、「審査方式」に関しては、一足先に、すでに「DVD教材・応用講座」で解説している。

「改善テキスト」と「DVD教材」の「基本的な内容」は連動化している。

しかし、「審査方式」などのように、「一部の内容」の収録には多少のズレもある。

「テキスト&DVD教材」の「基礎→応用→上級」の「3部作」が揃えば、改善活動の、

＊「しくみ＝制度・規定」
＊「しかけ＝運営・推進」
＊「しそう＝思想・思考」

――のすべてが「多数の具体的事例」を基に体系化される。

第5章

「全業種・全職種・全階層」に共通の改善

1 「全業種・全職種・全階層」に共通の手っとり早い改善ノウハウ

「○○生産方式」や「○○方式」を「異なる業種・職種」に応用しようという試みがなされている。

しかし、それらのすべてが、順調に成功しているわけではない。

なぜなら、「異なる状況条件」にもかかわらず、「○○方式」をそのまま適応しているからだ。

いわゆる「○○方式の達人」ほど、かつての「成功体験」から、抜け出せない。そのため、どうしても、

「○○社では、こうしていた」

「○○社では、こうして克服した」

——と「○○社」での「成功事例」を押しつける傾向がある。

☆

ちなみに、「○○では——」という言葉を連発する人々を「デハの守」という。

本来は、「出羽の守」で出羽の国を治める役職の意味だったが、近年は

「アメリカでは」

「○○方式では」

——などのように、「ある特定の事例や方法」を、「異常に崇拝する人」を揶揄する表現である。

条件・状況に合致した適応・応用を

「いかに優れた方法」であっても、それが威力を発揮するのは「ある業種や職種」など「特定の条件・状況」に過ぎない。

けっして、万事に有効な万能薬ではない。そのため「異なる業種・職種」や「異なる条件・状況」に応用するには、いったん「○○方式」を否定しなければならない。

そして、それぞれの「業種・職種」

実施型改善

手っとり早い改善

自分の仕事のやり方の工夫

小変＝小さく変える

小さな変更・ちょっとした工夫

手間をかけず、カネをかけず

知恵を出す

や「条件・状況」に適用できるような「原理・原則」を再構築しなければならない。

☆

なぜなら、「問題の定義」や「ムダの意味」など、「業種や職種」によって、大きく異なっているからだ。

たとえば、「トヨタ生産方式」では、次の7項目が「退治すべきムダ」とされている。

① 作り過ぎのムダ
② 不良を作るムダ
③ 手待ちのムダ
④ 運搬のムダ
⑤ 加工のムダ
⑥ 在庫のムダ
⑦ 動作のムダ

もちろん、これらは、あくまでも、「製造業において、多品種・少量生産を効率化するために、退治すべきムダ」である。

けっして、全業種・全職種に共通のものではない。

ゆえに、異なる「業種・職種」では、それぞれに応じた「退治すべきムダ」を再定義すべきだ。

☆

たとえば、「収益だけ」を「経営目的」と考える経営者にとって、ムダとは「収益にならないもの＝付加価値を生まないもの・すべて」だろう。

だが、「企業の永続性」や「雇用の創出」なども「経営目的」と考えている経営者には、たとえ、付加価値を生まないものでも、ムダとは言えないものもある。

このように「ムダの定義」だけでも「目的」や「考え方」、あるいは「立場」などによって、異なっている。

すべての仕事に共通の「問題&ムダ」の定義

「全業種・全職種・全階層」に共通の「改善すべき問題」や「退治すべきムダ」とはどのようなものだろう。

それは次のような「動作」や「感情」あるいは「状況・状態」である。

＊「さがす・探す・捜す」
＊「二度手間・三度手間」
＊「あわてる→モタつく」
＊「迷う→間違える→訂正」
＊「モレる→モメる→謝る」
＊「イチイチ・そのつど・ワザワザ」

——などのような「ムダな動作」。

あるいは、

＊「イライラ・バタバタ」
＊「ヒヤヒヤ・ハラハラ」
＊「アチコチ・バラバラ」
＊「不便・不快・不安」
＊「不都合・不具合・不安定」
＊「ゴチャゴチャ・ぐちゃぐちゃ」

——などのように、「不快な感情」、または「不快な感情をもたらす状態・状況」である。

これらは「全業種・全職種・全階層」に共通している。「働いている人々」のすべてが、実際に「やっていること」、あるいは「感じていること」である。

「問題→改善」のパターンは共通している

たとえば、「探す」ということでは「何を探しているか」は、人によって、仕事によって、

＊「部品を探している」
＊「道具を探している」
＊「書類を探している」
＊「情報を探している」
＊「ファイルを探している」

——などのように、それぞれ異なっている。

だが、「探すというムダなこと」は誰もがやっている。それは、あらゆる仕事に共通している。

「問題」が共通なら、それに対する「改善」も、やはり、共通している。

つまり、「探すという問題」には、

◎「探さナイ化」
◎「探しヤス化」

——という「改善」が必要だ。

もっとも、「探さナイ化」や「探しヤ

日本HR協会は

実施型改善活動に関して

全業種

全職種

全階層に共通する基本的な

①改善の原理・原則・法則

②手っとり早い改善ノウハウ

③わかり易い具体的改善事例

—— などを、誰でもわかる→使える

改善の方程式

改善の定石・公式

—— などに凝縮・集約して提供

ス化」のための「具体的な方法」は、何を探しているか、その「対象」によって異なる。

　たとえば、「有形な物」に関しては「定置化＝置く場所を定める」という方法が有効だ。

　だが、データなど「無形なモノ」は「検索」など、「パソコンの機能活用」が効果的だろう。

「日常的な改善」は「日常的な言葉」で推進

　もちろん、「産業・能率学」では、
★「問題＝あるべき基準と現実の差」
★「ムダ＝目的より手段が過剰」
★「ムリ＝目的より手段が不足」
★「ムラ＝ムリとムダの混合」
――などの定義がなされている。

　だが、そのような「抽象的な説明」はたとえ、アタマでわかっても、行動に結びつかない。

　ところが、
＊「迷う→間違える」
＊「モレる→モメる」
＊「慌てる→モタつく」
＊「イチイチ・そのつど」
――など、「日常業務」で、切実に感じている「具体的な事柄」ならば、
☆「なんとか、しなければ」
☆「なんとか、ならないか」
☆「なんとか、したい」
――と「自分の問題」と認識される。

　そして、それらを解決できる方法があれば、即座に実施して、問題を少しでも減らすだろう。

　なぜなら、それら「自分の問題」をいつまでも放置して「損」をするのは自分自身だから。

　また、それらを少しでも早く解決し「自分の仕事」を、
＊「ラクちん化」
＊「やり易化」
＊「快適化」
＊「安全化」
――することによって、「得」するのもやはり、自分自身だから。

実感できれば、納得できる

　「改善制度の規定」やテキストには「改善の目的」として、
★「生産性の向上」
★「収益の増大」
★「コスト削減」
★「不良低減」
★「効率化」
――などが羅列されている。

　しかし、「普通の社員」や「パート・アルバイト・派遣社員」などに対して、このような「抽象的な説明」はあまり意味がない。

　誰が、こんな「立派な改善目的」をなんとしてでも是非とも達成しようと本気で取り組むだろうか。

　「抽象的な目的」を「難解な言葉」で説明されても、実感→納得できない。それどころか、逆に「やらされ感」をつ

なぜ、

全業種 全職種 全階層 に
対応できるのか？

すべての業種職種階層に 共通 の
原理・原則・法則 を
追究→体系化

1）どんな仕事にも共通の問題パターン

探す・迷う・間違える・遅れる
イライラ・バタバタ・ウロウロ

イチイチ・そのつど・ワザワザ
不便・不快・不潔・不安・不安全・不都合

2）どんな仕事にも共通の対策パターン

見える化・わかる化・できる化
あらかじめ・やり易化・ラクちん化

迷わナイ化・間違えナイ化
遅れナイ化・危なくナイ化

定置化・定型化・定期化
一体化・一元化・一括化
共有化・共通化・共用化

制度活用・サービス活用
機能活用・補助具活用

のらせるだけ。

☆

ところが、「何のための改善」かを「仕事をしている者」の立場から、

☆「やり易化」
☆「ラクちん化」
☆「モレない化」
☆「モメない化」
☆「遅れナイ化」
☆「疲れナイ化」
☆「間違えナイ化」
☆「危なくナイ化」
☆「イライラしない化」
☆「バタバタしない化」

――など、具体的な「動作・感情」で説明されると、どうだろうか。

それらの改善は「自分」にとってのメリットなので、

◎「改善をするのは得」
◎「改善をしないのは損」

――と、誰もが実感→理解→納得できるだろう。

人間は「自分にとって得」だと納得すれば、積極的・意欲的に取り組むものである。

「改善者」の立場からの「改善ノウハウ」の体系化

日本HR協会では、日常的な改善の「主役」である「普通の社員やパート・アルバイト社員」の立場や観点から、「退治すべきムダ」を

*「探すムダ」
*「迷うムダ」
*「間違えるムダ」
*「二度手間のムダ」

――などのように、「具体的な動作」で説明している。

あるいは、「改善すべき問題」を、

*「イライラ・バタバタ」
*「ヒヤヒヤ・ハラハラ」
*「アチコチ・バラバラ」
*「不便・不快・不安」
*「不都合・不具合・不安定」
*「ゴチャゴチャ・ぐちゃぐちゃ」
*「イチイチ・そのつど・ワザワザ」

――などのように「不快な感情」、または「不快な感情をもたらす状態・状況」と解説している。

そして、「改善方法」に関しては、

◎「問題」の裏返し
◎「原因」の裏返し

――という「改善の方程式」を整備。

また、「改善を実施する」ための「具体的な方法」としては、

◎「○○化」
◎「○○活用」

――など、「改善の定石」として体系化している。

左頁は「問題→対策のパターン」を一覧化したものである。

それを基にした「具体的な事例」は、毎月、「創意とくふう」誌の記事で、紹介している。

以降では、いくつかの「代表的な問題」と「典型的な対処法」の要点を解説する。

問題と対策（改善）の一覧表

問　題	改　善（問題の裏返し）	原　因	対　策（原因の裏返し）
さ　が　す	さがさナイ化 さがしヤス化 スグ見つかる化	あちこち バラバラ 使い放し	定置化・分別＋ 表示 元に戻る化 検索機能活用
間違える	間違えナイ化 間違えられナイ化 間違えニク化 間違えテモ化	似ている 類似 混同・混在 転記	強調・目立つ化・目印化 色分け化・区別化 ポカよけ･フールプルーフ 転記するな転用せよ
遅　れ　る	遅れナイ化 遅れニク化 遅れテモ化	後手・受け身 グズグズ･ダラダラ 先延ばし	先手・能動・主導 とりあえず着手 スムーズ化・スマート化
忘　れ　る	忘れナイ化 忘れニク化 忘れテモ化	後で そのうち 別々に	定期化・定時化・定例化 一体化・同時化・一括化 タイマー＆ アラーム活用
危　な　い	危なくナイ化 安全化 安心化	触れる 滑る 不備→ 不安	触れナイ化（ カバー化） 滑らナイ化（ 滑り止め化） 予知・予測→ 予備・予防
わからナイ わかり難い 迷　　う	わかる化 わかりヤス化 迷わない化	見えない 複雑・煩雑 不明確･あいまい	見える化・視覚化 シンプル化・カンタン化 ハッキリ化・明確化
できナイ やりニクイ 困難・不便	できる化･やりヤス化 容易化・快適化 ラクちん化	複雑・煩雑 姿勢不自然 動作不自然	簡素化・簡略化 手順書化・順番化 屈まナイ化・捻らナイ化
イチイチ そのつど ワザワザ	あらかじめ 前もって 事前対応	事後対応 後・始末 内段取り	先手対応 前・始末化 外段取り化
ごちゃごちゃ グチャグチャ 乱雑・混乱	スッキリ化	いっしょくた 無分別 分散	分別・区別化 定置化・表示化 整列化・順番化
バラバラ バラツキ 不　揃　い	統一化 標準化 一元化	基準なし 別々に そのつど	定数化・定量化・基準化 測定するな判定せよ 調整するな設定せよ
○○サンしか わからナイ デキない	誰でも、デキル化 誰でも、わかる化 新人でもデキル化	複雑・煩雑 カン・コツ 不共有	簡略化 マニュアル化 補助具活用・機能活用
ガンバリ ガマン 根性精神力	くふう 方法変更 手段選択	惰性・前例固執 自虐 知的怠慢	惰性脱却・前例打破 自尊 知的勤勉

2 「代表的な問題」と「典型的な対処法」

1 「さがす」という問題は「探さナイ化」や「探し易化」を

「探す原因」を裏返す

「アチコチ」→「定置化」

どの職場にも共通している「最大の問題＝最大のムダ」は「さがす」ということである。「探すという問題」への最善策は「探さナイ化」である。探さなくても、「必要なモノや情報」が、即座に得られるのがベスト。もっとも、完全に「探さナイ化」ができるとは限らない。その場合でも、せめて、「探し易化」の改善くらいは実施すべきだろう。

では、「探さナイ化・探し易化」するには、どうすればいいか。それは「探す原因」を裏返すことだ。

「探す原因」は何か。それは「アチコチに置いている」からである。ならば、その対策は「定置化＝置く場所を定める」である。常に、「定位置」にあれば、サッと取り出せる。「探す必要」もないので、スグ仕事に取りかかれる。

だが、現実は甘くない。いったん、定置化しても、それが守られ維持されるとは限らない。使ったモノを「元に戻さない人」もいる。最初は「定置化」に努めても、忙しくなると「使いっ放し」となり、やがて、「定置化」は崩れてしまう。だが、「本当の改善」は、それから始まる。たとえ、

*「忙しくても定置化できるように」
*「ズボラな人も元に戻せるように」

――など「戻し易化」の改善が必要だ。

それが、「改善＝現実対応・制約対応」ということでもある。では、具体的にどうすればいいか。それには、

*「番号化・番地化」
*「順番化・整列化」
*「分別化・表示化」

――など「ちょっとした工夫」が有効。

何を、探しているか、それは仕事によって異なる。だが、
「探すムダ」は、どの業種・職種にも共通。ゆえに、
探すという問題に対する改善も共通している。

探すという問題の対策は
探さナイ化あるいは
探し易化

「探さナイ化・ヤス化」するには
「探す原因」を裏返すこと。なぜなら

対策＝原因の裏返し

探す原因＝アチコチ置いている → 対策
定置化＝置く場所を定める
「定位置」にあれば、探す必要はない

しかし、「定置化」を**守らない人**がいる
使ったモノを元に**戻さない人**もいる

その現実に処するには**戻し易化**

①忙しくても戻せる化　**②ズボラな人でも戻せる化**
番号化・番地化・順番化・整列化・分別化・表示化・色分け化・誘導化など

2 「間違える」という問題の「改善的・3つの対処法」

①間違えられ・ナイ化
②間違え・ニク化
③間違え・テモ化

「人間」は「間違える動物」である。ゆえに、どの会社でも、どの職場でも、「間違い」が発生している。

改善のない職場では「間違えるな」という注意がなされるだけ。しかし、それは「改善的対処」ではない。

☆

「間違える」という問題には、
①「間違えられ・ナイ化」
②「間違え・ニク化」
③「間違え・テモ化」
――という「やり方の変更・工夫」で対処すべきだ。

なぜなら、「やり方」を変えない限り、また、同じような「間違い」が発生するからだ。

では、どうすれば「間違えナイ化・ニク化」できるのか。それは「間違える原因」を「裏返す」こと。

では、「間違える原因」は何か。それは「似ている」からだ。似ている部品ゆえ、取り違いが発生。似ているスイッチだから、押し間違いとなる。

「似ている」が原因なら、対策は、「似ナイ化」である。では、どうすれば「似ナイ化」できるか。

それは「似ている要素」を変ること。「同じ色」だから、間違えるのなら、その対策は「色を変える＝色分け化」である。「同じ形」だから、間違えるのなら、形を変えればいい。

もっとも、実際には、部品や製品などの形は勝手に変えられないだろう。その場合は、「変えられるもの」を変える――という「改善原則」で対応すればいい。

たとえば、
＊「目印」をつける
＊「シール」を貼る
――などで「目立つ化」や「強調化」すれば、「間違えナイ化・ニク化」ができる。

しかし、仕事にはイロイロな要素が絡みあっているので、それでもやはり、間違いが発生する。

その場合、「最後の手段」として、たとえ、間違っても、「すぐ発見デキル化」や「すぐ修正デキル化」などの工夫でもいい。

間違いに対する
3つの改善的対処法

①**間違ぇナイ化**（防止・阻止）
②**間違ぇニク化**（難化・抑止）
③**間違ぇテモ化**（波及防止・食い止め化）

ポカヨケ化&フールプルーフ化
間違ぇられない化

どうすれば**間違ぇニク化**できるか
「間違える原因」は何か→似ている

「似ている」のが原因なら対策は
似ナイ化

「似ナイ化」するには、「似ている要素」を変る

「同じ色」が原因なら→ **色分け化**

「間違ぇニク化」→**間違い**をかなり減らせる

3

「忘れ・モレ」という問題への「改善的・3つの対処法」

①忘れナイ化
②忘れニク化
③忘れテモ化

「人間」は「忘れる動物」である。ゆえに、どの会社でも、どの職場でも、

＊「連絡モレ・忘れ」
＊「手配モレ・忘れ」
＊「確認モレ・忘れ」

——などが、頻繁に発生している。

改善のない職場では「忘れるな！」という叱責がなされている。しかし、「忘れる動物である人間」に対して、「忘れるな」と言うのは、あたかも「人間をやめろ」と言っているようなもの。それは改善的ではない。

☆

「忘れ・モレ」への改善的対応は、

①「忘れナイ化」
②「忘れニク化」
③「忘れテモ化」

どれも語尾に「化」がついている。それは「やり方変更」を意味している。「やり方」を変えない限り、また同じような「忘れ・モレ」が発生する。

では、「忘れナイ化・忘れニク化」するには、どうすればいいか。最も簡単なのは、目の前に「貼り出す・ぶら下げる」だろう。

常に、目前にあれば「忘れナイ化・忘れニク化」となる。もっとも、いつも目前ではうっとうしい。ゆえに、必要な時に、「目の前」に現れるような工夫をすればいい。

たとえば、忘れずに持って帰りたいものは、机の上でなく、ドアの前に置くか、ドアノブに吊しておく。

こうすれば、ドアを開ける時、否応なしに目に入る。また、それを持ち上げないと、ドアを開けられない。

このように、「やるべきこと」を、やらないと「次に進めナイ仕組み」を「インターロック」という。これも「ナイ化・ニク化」の工夫である。

もちろん、いつも、そのような改善ができるわけではない。様々な制約があるのが仕事の現実だ。

その場合、「テモ化」という奥の手がある。たとえば、タイマーなど補助具を活用すると、たとえ忘れていても指定時刻にブザーが鳴るので、スグ思い出せる。ゆえに安心して「忘れる」ことができる。

忘れ・モレに対する
3つの改善的対処法

①忘れナイ化（防止・阻止）
②忘れニク化（難化・抑止）
③忘れテモ化（波及防止・食い止め化）

やるべきことを、やらないと
次に進めナイ化
次のことをやりニク化
「仕組み化＝インターロック化」すれば
「忘れられナイ化・忘れニク化」できる

最後の手段として、たとえ、
忘れても
リマインド・メール→定時案内
タイマー・アラーム→ベル＆警告
安心して忘れられる＝確実化・安心化

4

「イチイチ・そのつど」への「改善的・対処法」

あらかじめ・前もって
事前対応・先手対応

日常業務には「イチイチ・そのつど・ワザワザ」などの言葉が、頻繁に出てくる。たとえば、

*「イチイチ、調べていた」
*「そのつど、計算していた」
*「ワザワザ、測定していた」
*「そのつど、確認していた」
*「イチイチ、連絡していた」
*「ワザワザ、問い合わせていた」

——など。

これらは「改善のチャンス」である。なぜなら、「同じこと」の「繰り返し・反復・重複」を意味しているから。

そんな「反復のムダ」を「ヤメる・減らす」のが改善である。では、どのように対処すればいいか。

そこで威力を発揮するのが「あらかじめ」という「改善の定石」である。どうせ、やらねばならぬことは、

*「あらかじめ」
*「前もって」
*「事前対応」
*「先手対処」

——するほうがいい。

ナニゴトも「後手」に回ると、ゴテゴテする。だが、「先手対応」ならば、よりラクに対処できる。

☆

たとえば、「同じ計算」をイチイチ、そのつど、繰り返しているなら、あらかじめ、「早見表」を作成しておけばいい。

あるいはパソコンにプログラムしてもいい。そうすれば、そのつど計算しなくてもいい。

「同じような間違い」をイチイチ訂正しているということも多々見られる。その場合、「間違いのパターン」を見抜き、あらかじめ「記入見本」を作成しておけばいい。

そして、「記入モレ」や「間違い」を防ぐべく「強調化→目立つ化」などの工夫をすれば、イチイチ訂正のムダを省ける。

日常業務の「8割」くらいは、「定型動作」の「繰り返し」である。ゆえに、それらを、あらかじめ「定型化・パターン化」しておけば、イチイチ・そのつどなど「ムダの8割」を省ける。

イチイチ・そのつど

という煩わしい問題は

あらかじめ

予知・予測・予想・予見

前もって、

事前対応先手対処

イチイチ調べていた

そのつど問い合わせていた

「改善のチャンス」それらは「同じこと」の

「繰り返し・反復・重複」を意味している

日常業務の 8 割は 2 割の

定型動作の反復・繰り返し

あらかじめ定型動作を

定型化・パターン化 すれば

イチイチ・そのつど を省ける

5 「ゴチャゴチャ・ぐちゃぐちゃ」への「改善的・スッキリ化対処法」

分ければ、スッキリ化
分ければ、整理・整頓

仕事で「混・乱・雑・複」の4文字、つまり、「混乱・混雑・乱雑・複雑・煩雑・重複」などが出てきたら、改善のチャンス。

なぜなら、それら「ゴチャゴチャ・ぐちゃぐちゃ」の状態では、必ず、

＊「迷い・間違い」が発生する
＊「バタバタ・イライラ」する

——など、「快適&効率的な仕事」を阻害するからだ。

「混・乱・雑・複」には、どう対処すればいいか。それは「スッキリ化」である。

とにかく「スッキリ化」すれば、

＊「わかり易化→やり易化」
＊「容易化→快適化→効率化」

——につながる。

ナニゴトも、「わかり難い」から、「やり難い」のだ。ゆえに、「わかり易化」すれば、「やり易化」となる。それを「整理・整頓」とも言う。

では、「スッキリ化」には、どうすればいいか。それは「必要なもの」と「不要なもの」を「分ける」こと。

なぜなら、「ゴチャゴチャ」とは、「必要と不要」の混在状態である。それらを「分別化＝分ける」だけで、スッキリ化される。

要するに、「整理」とは「分ける＝分別・区別化」に他ならない。

さらに、「よく使うもの＝常用」と「そうでないもの＝不・常用」とを、「分ける」だけで、「整頓＝スグ取り出せる化」となる。

つまり、整頓もまた「分ける＝分別・区別化」に他ならない。

だが、「整理・整頓」という言葉は、「整然と片付いている状態」といった「静的なイメージ」しか与えない。

そのため、常に変動し、仕事に追われている職場では、「整理・整頓など後回し」といった言葉も聞かれる。

ところが、

＊「要」と「不要」を分ける
＊「常用」と「不常用」を分ける

——のように「動的な表現」ならば、仕事をしながら、仕事に追われながら、同時進行で、「余計な手間」をかけず、「スッキリ化＝整理・整頓」ができる。

ゴチャゴチャぐちゃぐちゃ

混・乱・雑・複

混乱・混雑・乱雑・複雑・煩雑は
改善のチャンス

スッキリ化すれば

わかり易化→やり易化

容易化→快適化→効率化

「わかり難い」から　「やり難い」
「わかり易化」すれば「やり易化」

整理・整頓＝

分けること＝分別・区別化

整理＝必要と不必要の分別化
整頓＝常用と不常用の区別化

分けるだけなら、仕事をしながら、
仕事に追われながら、同時進行的に
スッキリ化＝整理整頓デキる

6

「モメる」という問題への「モメない化」の改善的対処法

「定期的・連絡」でモレない化
「チェック・リスト」でモレない化

顧客や取引先と「モメる」ほどイヤなものはない。それなら、悩むよりも「モメない化」すべきだろう。

では、どうすれば「モメない化」ができるか。それには、マズ、「なぜ→どうしたら」を考える。

「原因」がわかれば、「対策」もわかるからだ。つまり、改善は「には→なぜ→どうしたら」の「3拍子」で、簡単に実施できる。

☆

なぜ、モメるのか。それはお互いが「自分が正しい」と思っているからだ。どちらかが「間違っている」と認めれば、もはや「モメる」ことはない。

双方の「勘違い・錯覚・思い違い」が、「言った↔聞いていない」という「水掛け論」や「モメごと」を引き起こしている。

「勘違い・錯覚」を防止するには、「定期的な連絡・確認」が勧められる。なぜなら、「連絡モレ」がモメごとの原因だから。とにかく、「モレる」と「モメる」のだ。

☆

では、どうすれば、「連絡モレ」を防止できるか。それには「チェック・リスト」という「補助具活用」が勧められる。

「人間の脳」は、「勘違い・錯覚」する構造となっている。ゆえに、素手で仕事をしていると、必ず、「勘違い・錯覚」に陥る。

そして、モメることになる。だが、「チェック・リスト」を用いれば、「モメごと」を防止できる。

ただし、「手間かけない化」の工夫が不可欠。なぜなら、「手間のかかるもの」は続かないからだ。

「確認・連絡」のルールを作っても、それが「守れない」なら、意味がない。最初はちゃんと記入していても、忙しくなると、「後回し」になる。

「手間かけない化」の工夫には、「あらかじめ・事前対応」が勧められる。

「イチイチ、そのつど記入」は面倒。だが、前もって、日付や項目など必要事項を「定型化」しておけば「モレない化」→「モメない化」となる。

モメるという問題への

改善的対処＝モメない化

原因がわかれば対策もわかる

には→なぜ→どうしたら

3拍子で、簡単に改善デキル

連絡モレ→定期化

確認モレ→

チェック・リスト化

素手はモレる→モメる＝補助具活用

「手間のかかる方法」は続かない

忙しくなると後回し → 不実行

事前に必要事項を定型化

手間かけない化→面倒くさくナイ化

モレない化→モメない化

7 「○○さんしか、わからナイ」「○○さんしか、できナイ」――という問題への改善的対処

誰でも、ワカる化
誰でも、デキる化

「改善のない職場」で、頻繁に見られること。それは、

「○○さんしか、わからナイ」
「○○さんしか、できナイ」

――という現象だ。たとえば、

＊「担当者」しか、わからナイ
＊「特定の人」しか、できナイ

――という状況。

もちろん、「専門的なこと」なら、「特別な人」でなければ、わからナイ・できナイのも仕方ない。

だが、「その程度のこと」すら、

「○○さんしか、わからナイ」
「○○さんしか、できナイ」

――では、仕事にならない。

出張や休暇で、その人がいない場合、「その程度の問い合わせ」に対しても、

「明日、また電話してください」
「後ほど、当人から連絡させます」

――などの対応で、仕事が中断してしまう。

ところが、「改善的な職場」ならば、「その程度のこと」には、

◎「誰でも、ワカる化」
◎「誰でも、デキる化」

――という改善がなされている。

☆

頻繁に「問い合わせ」があるような事柄に関しては、あらかじめ「一覧化・掲示化」などで、

◎「誰でも、ワカる化」
◎「誰でも、応えられる化」

――という工夫がなされている。

また、多発する不都合や故障などは「マニュアル化・手順書」などで、

◎「誰でも、対処デキる化」
◎「誰でも、修理デキる化」

――などの改善がなされている。

もちろん、「すべての問題」に対処・対応できるわけではない。だが、そのような場合でも、

＊「どこに連絡すれば、いいのか」
＊「誰に頼めば、いいのか」

――など「誰でもワカる化・デキる化」されている。

それを「別の言葉」で言えば、

＊「情報の共有化」
＊「ノウハウの共有化」

――ということに他ならない。

○○さんしか、ワカらない

○○さんしか、デキない

問題への改善的対処＝「その程度」なら

誰でも、ワカる化

誰でも、デキる化

「○○さん」しか、わからナイ

「○○さん」しか、できナイ

では、仕事にならない

「問い合わせ」が**予知・予測・予想**されることは

あらかじめ **一覧化・掲示化**で

誰でもワカる化→誰でも応えられる化

多発する不都合や故障には、

マニュアル化・手順書化で

誰でも対処・修理などデキる化

誰でもワカる化＝情報共有化

誰でもデキる化＝ノウハウ共有化

第6章

イロイロな業種さまざまな職種の改善活動の紹介記事・見本

仕事のあるところ、改善あり
改善は、すべての仕事に共通
「より良い仕事」は「より良い改善」で

「改善＝仕事のやり方の工夫」は、「全業種・全職種・全階層」において、展開されている。まさに、

＊「仕事のあるところ、改善あり」
＊「改善は、すべての仕事に共通」
＊「よい仕事は、良いやり方から」

――と言われて通りである。

しかし、世の中には、今なお、その「事実と現実」を認識していない人がいる。そして、

「改善は工場でやるもの」
「改善の主体は製造現場」
「事務や営業の改善は難しい」
「企画部門などにはなじまない」

――など、ピント外れで、時代遅れのセリフを繰り返している。

☆

改善の専門誌「創意とくふう」は、創刊以来、30年以上にわたり、毎月、「イロイロな業種」における改善活動や「さまざまな職種」の改善事例を紹介している。

それには、「製造業」のみならず、

＊「病院」
＊「役所」
＊「神社」
＊「ベビー用品店」
＊「幼稚園・学校」
＊「テーマパーク」
＊「寺院・宗教団体」
＊「葬儀社・墓石・墓園」

――なども登場している。

まさに、「揺り籠から墓場」まで、「人間の一生」にかかわる「すべての業種・職種」において、それぞれの「仕事の改善」がなされている。

それが「事実&現実」だ。それは、「創意とくふう」のバックナンバーに目を通せば、否応なしに実感→理解→納

得できる。

といっても、本書でそれらのすべてを紹介できるわけでもない。そこで、「見本・サンプル」として、次の3社の記事を転載する。
①オリエンタルランド
②神友商事
③森正
この「3社の改善活動」のレポート記事だけでも、「イロイロな業種」や「さまざまな職種」において、改善の「指導・推進・牽引の研究・工夫」が、それぞれ精力的になされていることがわかるだろう。

なお、各記事の「名称や肩書き」、また「改善活動の内容・状況」などのすべては「掲載当時」のまま。

改善活動は常に発展するものゆえ、その後、さらに、変化・進化していることは言うまでもないだろう。

☆

もっとも、この3社だけでは、まだ理解→納得できないという人もいるだろう。

そのような人のために、ここ数年、「創意とくふう」誌に登場いただいた会社名を羅列しよう。

これらからも、改善というものが、「企業の規模や業種」などに関係なく、なされていることが推測・推察いただけるだろう。

なお、最近は「社名変更」や合併・分社――など変化が激しいが、掲載当時の社名そのままで記してある。

☆

・尼崎市市役所・姫路市役所・黒部市役所
・磐田市役所・さいたま市役所・諏訪市役所
・平林寺・湯元舘・法政大学・健生会
・日本政策金融公庫・スーパーホテル
・マルハン・神友商事・ドコモ東海・虹技
・資生堂・東日本環境アクセス・正栄工業
・オリエンタルランド・神戸グリコ・森正
・ホテルマークワン・IHIエアロスペース
・ダイフク・佐野鉄工・坪井組・エリオ
・西松屋チェーン・サンリツ・関西ペイント
・キリンビール・イシグログループ・菅文
・ヤマトテック・万代・シャルマン・みやま
・カタギ食品・トッパンフォームズ
・サラダボウル・ロート製薬・日立製作所
・丸二倉庫・タナカテック・共伸技研
・ドコモエンジニアリング・レーザーテック
・大和電機工業・ネオロジスティクス
・三和電機製作所・味の素メディカ
・サンゴバン・ミクロ発條・持田製薬
・シスメックス国際試薬・くらこん
・ダイオーペーパーテック・城下工業
・ファーストシーン・MEC・鎌田醤油
・日光ケミカルズ・ササクラ・梅の花
・朝日レントゲン・大成化工・谷口運送
・日本トラック・ハウマッチ・石原金属
・長泉パーカライジング・フレシュール
・秋田エプソン・大和電機工業
・アイシン高丘・トヨタ自動車
・牧野フライス製作所・日研フード
・椿本チェイン・タイガー魔法瓶
・泉電熱・ザ・パック旭電機化成
・オムロン京都太陽・ロワール
・ヤマトスチール・ナガセケムテックス
・中電プラント・たいまつ食品・中央製機
・オリエント化学・ミライトテクノロジーズ

特集 1

さあ サービス業こそ 小変をはじめよう

株式会社オリエンタルランド

東京ディズニーリゾートを運営する同社で、小変中心のカイゼン活動がはじまった。


最高のホスピタリティーを誇る同社でのカイゼンとは、どのようなものか。

活動の目的や、カイゼンのはじめかたは？

同社のカイゼン活動を牽引する、テーマパーク統括部の山口 浩作さんと、香取 克彦さんにお話を聞いた。


「うちのカイゼン？

イメージとはちょっと違うと思いますよ。」

インタビューは思わぬ言葉からスタート！

■会社概要
1960年設立／千葉県浦安市
正社員 2,201 名
テーマパーク社員 777名
準社員 18,066 名（2012年3月現在）
テーマパークの経営・運営および不動産賃貸等

「創意とくふう」誌 1012年6月号掲載

世界トップクラスのサービスと、最高のホスピタリティを誇る東京ディズニーリゾート。

昨年の3・11震災では2つのパークで約7万人のお客様（ゲスト）を約6千人のキャスト（スタッフ）が総出で対応。その9割がアルバイトにもかかわらず、プロフェッショナルな対応が話題となった。

あるキャストは、ショップにあった大きなダッフィーのぬいぐるみをお客様の防災頭巾に応用。またあるキャストは、ビニール製の大きな買い物袋をお客様の防寒・雨除け用に大量配布。こうした行動はすべてキャスト自らが判断して行ったもの――というのは有名な話だ。

この東京ディズニーリゾートを経営・運営する㈱オリエンタルランドで「小変中心のカイゼン活動」がはじまった――。

バックステージが舞台のカイゼン活動

――東京ディズニーリゾートのカイゼンというと、お客様を満足させるためのアイデアや工夫といったイメージがありますが、それとはちょっと違うとうかがいました。

はい。当社のカイゼン活動は、ゲストの目に触れない部分（＝バックステージ）でのムダやムリ、ムラを取り、いかに効率よく仕事をするか、というのがテーマ。お客様の目に触れるところ（＝オンステージ）の改善は、「カイゼン」という捉え方ではなく、「ゲストサービス向上の一環」という位置付けです。

――表舞台を支える舞台裏のカイゼン――といったところでしょうか。ところで、小変中心のカイゼン活動を導入されたきっかけは？

私ども「テーマパーク統括部・業務改善推進グループ」が発足したのは

テーマパーク統括部 業務改善推進グループ
マネージャー 山口浩作さん(左) チーフリーディングスタッフ 香取克彦さん(右)

09年7月。コスト効率化を進めるために、当初は一発ホームラン的なことを狙っていました。改革、革新の材料が(社内に)眠っていて、それを掘り起こして、ドカンとコストを下げる、といったような視点が強かったんです。

——いわゆる、「大変」志向だったわけですね。それがなぜ、「小変」に舵きりを?

実際、いろんな部門にムダやムラがないかを聞いていくと、どこも「やってますよ」という回答なんですね。たしかに、大きなムダ取り、サプライマネジメントのようなカイゼンにはどの部署でも目が向けられ、取り組まれていました。

でも、その一方で、ユーザー側の意識がおざなりになっているような状況があって。

——というと?

たとえば、紙のコストを下げるのを「サプライ側」の視点で見ると、リバースオークションなどをやりながら、帳票などの紙1枚の仕入値を下げて、コスト削減を図っている。でも、その一方で、「使う側」は紙を大量に使い、その辺りに「ムダ」という意識があまりない。すると、いかに大きなところでドカンとコスト効率を図っても、最終的には「何も変化がない」ということになりがちだったんです。

——なるほど。大きなムダには敏感でも、「小さなムダ」には気づきにくいということですね。

そこに「小変」の出番がありました。当社では「大変」は「特効薬」、「小変」は「漢方薬」という認識。ちょうど、漢方薬による体質改善が必要と感じていたときに、社内の者からインパクトのある講師がいると聞いて、一昨年の秋にHRセミナーを受講。「小変中心のカイゼン活動」こそ、私どもがイメージする「漢方薬的なもの」と直感、導入を決めました。

「しくみ」を作って、説明行脚

我々の会社の中にはいろいろな部署がありますが、小変って、誰でもやっていること。ただ、「実施→顕在化→共有化」のサイクルを回すことで、漢方薬的な効果が出てくるのだ、と。そこでまず、そのための「しくみ」を作ることから始めました。

同社が小変中心のカイゼン活動をスタートさせたのは昨年初めのこと。すぐに「しくみ」を作ったが、震災などで、本格始動は5月下旬に。ここから事務局メンバーによる各部署への「説明行脚」が始まった。

――説明行脚というと?

カイゼンの種まき。そもそもカイゼンってどういうものかを聞いてもらわないと始まりません。そこで、商品本部、フード本部、運営本部などいろんな部門に私たちが出向いて、カイゼン説明会を実施。キーマンとなるユニットマネージャー(直接、キャストに指示を出すような立場の人)などに、

＊カイゼンとは何か
＊なぜ、しなくてはいけないか
＊どのように推進していくか

など、実際に「何をしてほしいか」を説明しました。1回30分ほど、計16回実施しました。

――具体的にはどのような形で説明を?

役に立ったのは、改善DVD付録のパワーポイント資料。まず、キーワードが文字でドンと出るのが、皆の印象に残りやすい。そこに我々流の自社事例を組み合わせて、「定石+事例」で説明しました。

このとき他社事例を使っても、あまり響かない。でも、仲間がやったカイゼンを例にとると、「あぁ、こういうことでいいんだ」「こうすると便利になるんだ」というのが伝わりやすいんです。

同社の「しくみ」はいたってシンプル。だが、基本はハズさない。

たとえば、カイゼンの提出は、社内イントラネットを通じて、紙ベースで、いずれもOK。手段はいろいろだが、「3分以内・100字以内」の原則に変わりはない。

カイゼンの「奨金」は、ない。「お金」よりも「認める」ことに力点を置いているからだ。

2つのカベ、誤解払拭はキーマンから

――こうした「しくみ」に対する社内からの反発はありませんでしたか?

カイゼンを書き出して、共有化するところに、2つのカベがありました。ひとつは、「たいしたこと」をやったわけでないので、わざわざお披露目するのは恥ずかしいというもの。もうひとつは、自分たちでやったカイゼンは自分たちの宝物、大袈裟に言うと、折角やったカイゼンをタダで見せるのはもった

改善事例

文房具の一括管理でムダ取り

まとめる化で
適正在庫化
さらに定置化で
探すムダない化

改善前

備品や消耗品は部員全員が個々に所持、
保管している。
人によって使用頻度がマチマチで、机の中に眠っている場合も。
もったいない。すぐになくしてしまうこともあった。

改善後

一人一人が所持する備品のうち、カッターやハサミなど、
使用頻度が低いものを一か所に集めた。

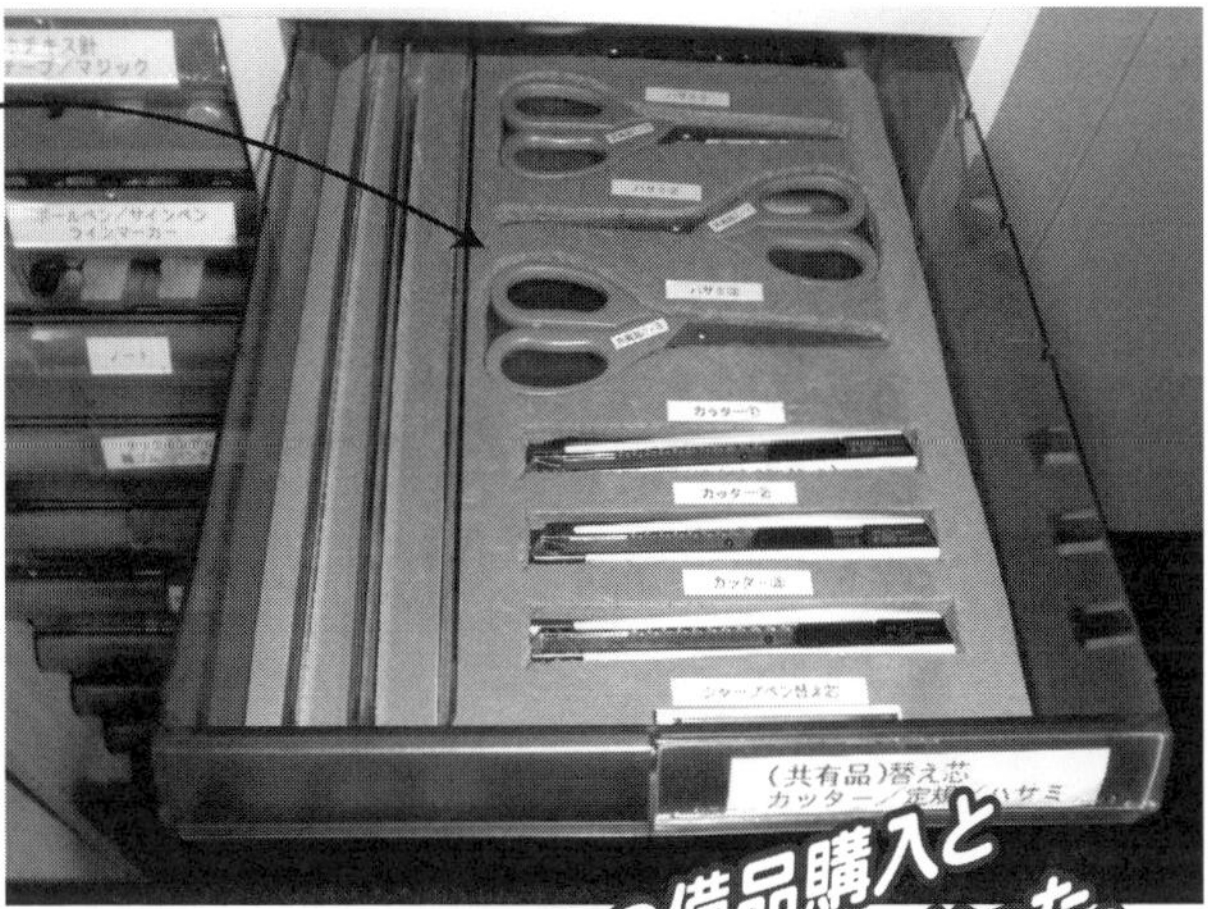

備品の形に硬質ウレタンをくり抜いた。
これなら、探しやすく、戻しやすい。

必要以上の備品購入とモノ探しのムダがなくなった。

「ムダ」は潜んでいる。
「いつもの仕事」の中に隠れている。
「ムダ」とは「過剰＝必要以上」である。
ゆえに、ムダがあれば、どこかで「不足」が発生する。
「ムダ」を省いて、「過剰」を退治。
これぞ、ほんとうのムダ取りだ。

いないという意識があったかもしれません。

――なるほど。どのように払拭を？

カイゼン説明会の、まさに内容そのものですね。説明会でカイゼンに対する理解を深めてくれた各部門のマネージャー（改善推進リーダー）たちが、そうした誤解をひとつひとつ払拭してくれました。

ただ、事例を見える化→共有化すること自体を喜びに感じてくれる人が社内に多いのも事実です。たとえば、たいしたことないと思っていた自分のカイゼンを参考に、（他の人が）新しいカイゼンをやってくれるというのは、自分が役に立ったということですから。これはもしかしたら、当社の風土、「自分のやったことでお客様が笑顔になってくれることが至上の喜び」という考え方がカイゼンの中にも「色」として出ているのかな、とも。

――では、カイゼンはすぐ出てくるように？

そうですね。ただ、今すぐカイゼンして、それを書き出して、と言ってもむずかしいので、当初は「過去にやったカイゼン」を振り返り、それをシートに書き出してください、と。スタートから1年、いろいろな部署からたくさん集まってきています。

マネしやすい事例を社内イントラネットで

「種まき」が終われば、次は「水」や「栄養分」を与え、育成を促す段階。カイゼン活動で言えば、「事例」を「見える化」し、「共有化」することで、個々の改善意識や能力を高めていく段階だ。

――共有化はどのように？

社内イントラネット上にカイゼン事例集を作りました。冊子にすると、更新が大変ですし、部署の範囲が広いので、配布するのもむずかしい。そこで、社内イントラで見られるような環境を整え、事例集を共有するしくみを作りました。

――事例集はどのようなスタイルで？

出てきた事例をそのまま羅列するというよりは、回ごとに「やめる・へらす」「定置化」「ペーパーレス化」などテーマを決めています。たとえば、「やめる・へらす」なら、「やめた、減らしただけのカイゼンって、たいしたことないと思われがち。でも、やめただけで良くなるのなら、それが一番」というようなことをわかりやすく説明してから、「やめた事例」を紹介。カイゼンの考え方と、実際の事例を5～6件セットで紹介というパターンですね。

――事例集の更新はどのくらいの頻度で？

改善事例

担当項目の表示化で 困らナイ化

表示化→目印化で
わかる化
迷わない化
案内スムーズ化

改善前

事務オフィスで「誰」が「何」の担当か、
他部署から訪ねてきた人にはわからなかった。
問い合わせを受けるたび、案内していた。
窓口対応する人も大変だった。

改善後

訪問（問い合わせ）の多い業務担当者のブースの上に、
どこからでも見えるよう、大きく担当項目の表示を付けた。

担当項目の表示を天井から吊るした

これなら、訪問者も迷わない。いちいち窓口対応をしなくてもよくなった。

「大きな問題」には誰でも気が付く。
だが、「小さな問題」には誰も気を付けない。
まずは、仕事の中の、
身近な小さな困りごとに気づくこと。
カイゼンはそこが出発点だ。

2～3週間に1回のサイクルで。更新したのがわかるよう、イントラネットのトップページにバナーを用意、『○月○日更新。今回のテーマは××』と案内を。これをしないと、なかなか見てもらえません。

「定石」限定で、検索しやすく

——更新後に、バックナンバーを見たいという場合は？

「事例集」とは別に、カイゼン事例のデータベース（以下、DB）を作り、社内イントラに載せています。社内、グループ会社内なら、誰でも、バックナンバーだけでなく、事例集で紹介していないものも含めて、すべての事例をいつでも見られます。

提出された事例を「定石」ごとに分類しているので、「定石」からも、「部門」からも検索が可能です。

——検索しやすくするためのくふうなどあれば。

ひとつの事例でも、いろいろな角度（着眼、着想、着手など）からの「定石」があります。たとえば、あるカイゼンは「定置化」であり、「わかる化」であり、「安全化」でもある、というように。それに合わせて30も40も「定石」を設定していくと、（慣れない人は）どの定石で検索すればよいか、混乱してしまいます。そこで、最初に、主な「定石」を10数個に我々で限定させてもらいました。「見える化」「わかりやす化」「ペーパーレス化」「ルール化」「一元化」「定置化」など——です。

——何でもOKより、ある程度、限定されていたほうが「見える化って何だろう」と理解しやすいかも知れませんね。どのように活用を？

まずは、自分の部署はどんなカイゼンを出しているのか、各部門にとっての記録の意味があります。

また、参考になる事例を探すこともできます。たとえば、「定置化」という「定石」で検索したら、△△部が非常に多く出しているみたいだから、ここに聞けばいろいろとわかるかも、とか。実際、そんな問合せもありました。グループ会社の人が自社ではペーパーレスが課題で、DBをのぞいたら、ペーパーレス化の良い事例が載っていたから教えて下さい、と。で、事務局では△△部への橋渡しを。そしたら、具体的な解決策がわかりますよね。

——DBがそのきっかけに、ということですね。

はい。DBには答えが載ってなくていいんです。解決の糸口とかきっかけ、ヒントがつかめれば。あとのコミュニケーションは当社の得意分野ですから（笑）。

改善事例

管理ボックス作成で 紛失しナイ化

番号制・指定席制で
管理ラクチン化
→紛失しナイ化
さらに紐付け化で
やりやす化

改善前 コスチュームを直す作業で日頃使用しているハサミの管理が煩雑で、紛失も多かった。また、作業中、ハサミをポケットから何度も出し入れするのが不便だった。

改善後 ハサミの管理ボックスを作った。
ハサミに番号札を付け、
戻すときは同じ番号のボックスに収納する。

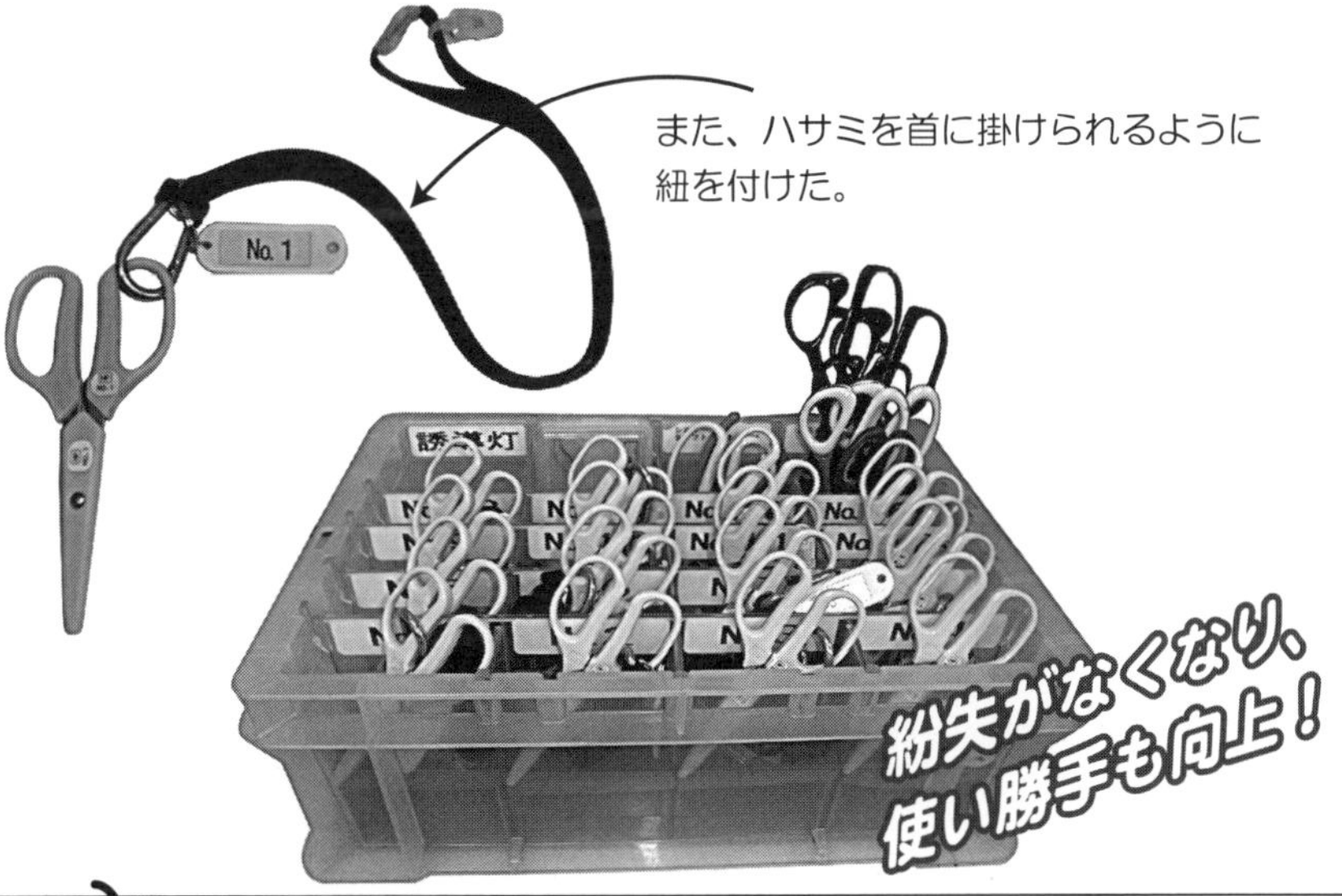
また、ハサミを首に掛けられるように紐を付けた。
No. 1
紛失がなくなり、使い勝手も向上！

「定置化」とは「もの」を「定置」におくこと。
これ即ち、「整頓」の基本。
工具・文房具など非消耗品は、
使ったら元に戻しやすいよう工夫すべし。
「番号」に仕事をさせれば、
戻しやすく、「抜け・不在」も一目瞭然。

小変を中変に！共通カイゼンテーマ

――スタートから1年、これからこんな取り組みを！というのがあれば。

今、「共通カイゼンテーマ」というのを始めてます。

――とは、具体的に？

出てきた「小変」事例を見ていくと、誰がどう考えても「いいね！」という事例がいくつかあるんです。その効果は1つの部署だけなら「1」ですが、10の部署でやれば10倍の効果になります。

そんな事例を事務局で「共通カイゼンテーマ」に据えて、半強制的に横展開していこう、と。面倒な調整などは事務局がお手伝いしますから、と。

――たとえば、どのような事例が？

プリントアウトのミスってよくあるでしょう？　実は1枚目だけ出力すればいいんだけど、初期設定のまま10枚全部しちゃったとか。モノクロでいいんだけど、カラーで全部出力しちゃった、とか。

我々の職場では共有の出力機（複合機）が自分の机（ＰＣ）から離れたところにあるので、ＰＣの出力ボタンを押すと、出力はもう止められない。そこで、その間にワンクッション入れて、「ある操作」をしないと、出力ボタンを押しても、出力しないようにしました。

――ある操作とは？

複合機の機能に「認証プリント」というのがあります。「認証ボタン」を押して、自分のＩＤを入れないと出力できないという機能。これを設定して、やり直しが効くようにしました。ＰＣで間違った出力指示をしても、「複合機」の側でストップすることができます。

――でも、手間が増えて逆に面倒では？

そもそも手間だなと思うと、ちょっとプリントアウト――ということがなくなる。外出するとき、今までだったらスグに地図を出力していましたが、こうなってから、（画面の地図を）スマホで映すように。手元で見られますし、拡大もできる。そんなくふうを皆が考え始めるんですよ。

――面倒クサイなら、今度は面倒クサくナイ化の手段を考えればいいんですね。

正直、これをはじめて1週間くらいは、かえって非効率なんじゃないかと思ってたんです。けど、1週間くらいすると、慣れてきて。で、ムダな出力はしなくなるんです。

ウチの部署の実績ですが、紙の使用量がこの施策の効果で2分の1になりました。

――なるほど、それを全社展開したら、すごいコストダウンになりますね。

改善事例

終了時刻見える化で 時間を守る

見える化→わかる化で
習慣化
時刻厳守化で
迷惑かからナイ化

改善前　会議や打合せの終了時刻が守られない。
次に会議室の予約を入れている人に迷惑がかかっていた。

改善後　会議室の時計の下に、会議の終了時刻を書き込むことにした。

参加者から
見えるところに表示。

会議開始前、参加者への「終了時刻確認も習慣化され、終了時刻が守られやすくなった。

「○○しただけではないか」という声がある。
だが、カイゼンの場合、「だけ」を高く評価する。
惰性・マンネリで仕事をしている人は、
「見える化→わかる化」すら、考えつかない。
「注意しよう」ではなく、注意するように
やり方をちょっと変える。これぞ、カイゼンの極意。

共通カイゼンテーマ

集積効果の高そうなカイゼンを事務局主導で取り上げて、
全社展開する-----という取り組みです。

たとえば、こんなカイゼン

カラー印刷
実行
出力ボタン
ポチッ！
あっ！
モノクロでよかったんだ～

———と気づいても……

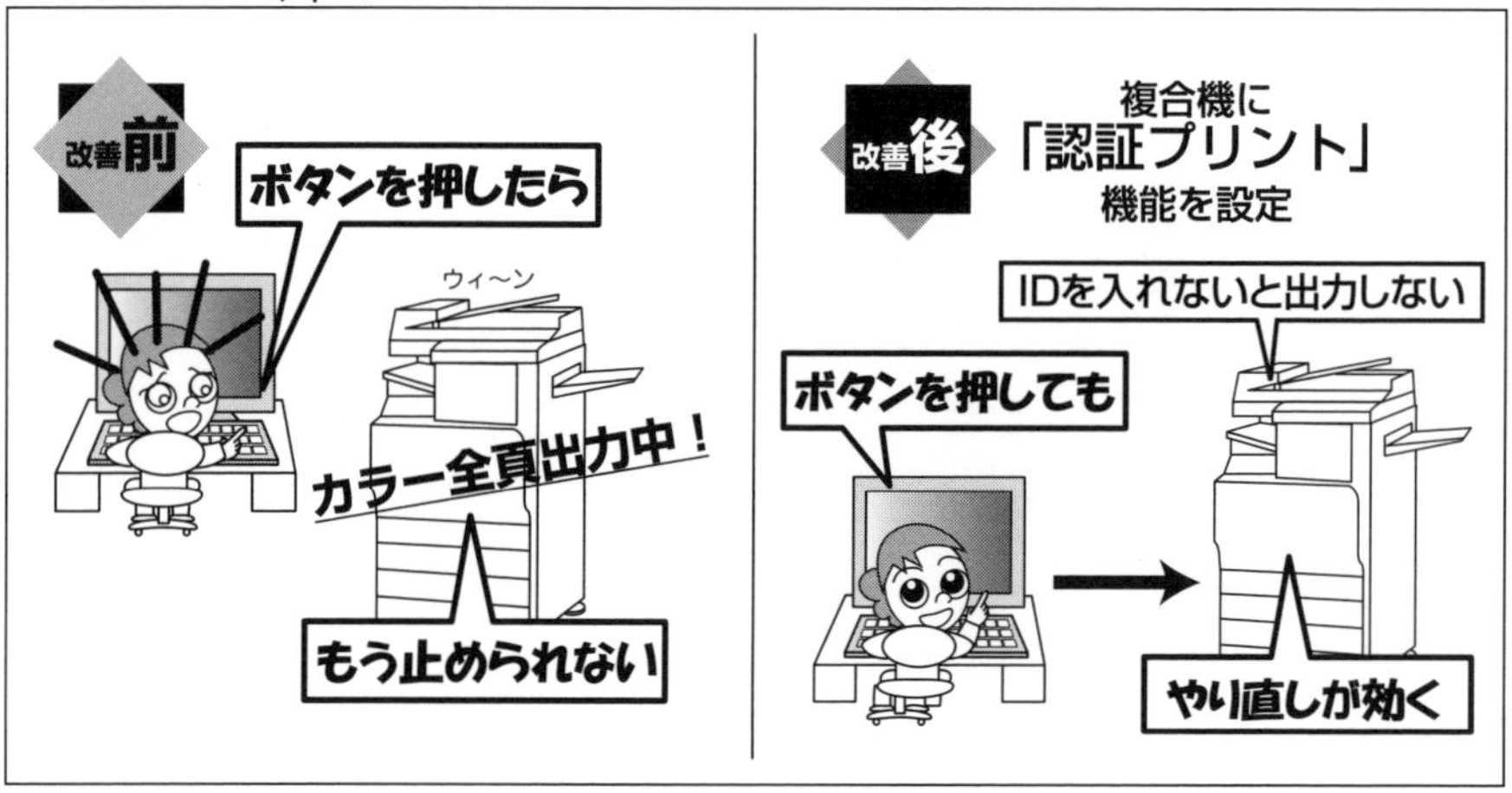
改善前
ボタンを押したら
ウィ～ン
カラー全頁出力中！
もう止められない
改善後
複合機に
「認証プリント」
機能を設定
IDを入れないと出力しない
ボタンを押しても
やり直しが効く

波及効果も！

	問題		解決
その①	複合機に出力した紙が置きっ放しにされることも。	⇒	ＩＤ入力のため複合機まで行くので、出力した紙の取り忘れナシ。セキュリティー的にも安全。
その②	何でもスグ出力する。紙のムダ。	⇒	ほんとうに必要なものだけ出力。紙のムダなし。

このカイゼン、１つの部署だけだと効果は「1」ですが、
10の部署に展開すれば、効果は10倍。
こんなカイゼンを見つけて、マネ・パクを後押ししています。

おもしろいもので、他部署で始めたのをウチの部署が追従して、それを事例集に載せたら、また他の部署がアドバイスを求めてきた。だけど、そこまで。

で、わかったんです。「やれたら、やってみて」というスタンスだと、広がらないんです。「よさそうだけど、設定するのも面倒だしね」と。だから、半分強制で、事務局が背中を押してあげましょう、と。

ただ、これ（共通カイゼンテーマ）は全社的でなくても、部門内でもよいと思っています。

たとえば、カストーディアルという清掃部門。清掃用具などを入れる倉庫内のモノの置き場や配列などは場所によってバラバラ。

いろんな倉庫を行き来するキャストは「あの道具、たしか、この辺りのはず」と、探すのに時間がかかる。

そこで、あるエリアで「配列の共通化」をしたら、非常に働きやすくなった。だけど、これが全エリアに水平展開できていない。だったら、それを事務局で後押ししましょう、と。

そういうことがデータベースを見た中で職場ごとにできるのが理想ですが、時間はかかると思います。

とりあえず今は、よいものは事務局リードでどんどんやっちゃいましょうというスタンス。タテにもヨコにも広がっている感じがします。

アタリマエは逃げる カイゼンは終わらない

――最後に、今後の展望を。

私たちの目指しているものは「カイゼン風土の醸成」。そのために「しくみ」を作り、小変の考え方を個々の意識の中に浸透させています。

これから先、世の中や内部事情が変化し、アタリマエ自体も変わっていきます。それを考えれば、東京ディズニーリゾートと同様に、カイゼンもまた、永遠に完成しない。

お客様に喜んでいただこうと思ったら、オンステージのカイゼンも、バックステージのカイゼンも、「これでよし」というところはない。カイゼンするところがない、イコール思考停止状態。カイゼンに終わりはありません。

それに、カイゼンって製造業が中心と思われていますが、サービス業にも品質を生み出す手前のところにプロセスはあって、プロセスのあるところにすべてカイゼンはあります。サービス業にこそ、カイゼンが必要なのではないでしょうか。

――本当にそう思います。本日はお忙しい中、ありがとうございました。

特集2

パチンコ屋さんの改善
学びの場にも店舗づくりにも

神友商事株式会社

兵庫県下に遊技場７店舗とボーリング場を展開する同社。２年前、社長のひと声からスタートしたカイゼン活動は、全店舗すべての社員が参加する実施型の取り組みだ。

「カイゼン通信」や「赤ペン一発解説」など事例共有化ツールが、学びの場、コミュニケーションツールとして機能し、人材育成や店舗づくりにも大きく寄与している。

「創意とくふう」誌 1013年3月号掲載

具体的カイゼン事例から風営法を学べ

事例 イーゼルを置く位置が人によってバラバラだった。
そこで、置く位置を決め、
目安となる**丸シール**を貼った。

目安化 ⇨ **定置化**

丸シールに合わせるだけで、誰でも、キッチリ置ける

カイゼン事例は最高の教科書

カイゼンが意外な効力を発揮している。ナント、パチンコ店での話だ。

法規制や行政規定など、意外と〝縛り〟の多い、この業界。そのひとつが『風営法』で、知らずにしたスタッフのチョットした行為が法律違反と見なされ、営業停止処分を喰らうこともある。だからこそ、その辺りを店舗スタッフにもしっかり学んでほしいが、法律や通達をそのつど読んで理解するのは大変だ。

「そこで、カイゼン事例なんです」と、同社で改善事務局を担当する北村信也さん。

たとえば、こんな事例がある。

『新機種導入の案内や店内ルールなどの看板をイーゼルに載せ、店内に設置しているが、人によって置く位置がバラバラ。そこで、小さな丸シールを貼って、置く位置を示した。』

「風営法」では、客室内部に見通しを妨げる設備、たとえば、仕切や衝立など、高さ1メートル以上のものを設置するのはNG。だが、例外もある。

＊壁に付設される設備（壁と設備との間に人が入れる隙間がないもの）

＊パチンコ台の島（列）端に掲示される看板や、島端に接着するイーゼル

などだ。そこで、店長や幹部は「イーゼルはパチンコ台の島端や壁に沿わせて設置」とスタッフに伝えている。が、法律を知らないスタッフが、だいたいこの辺とアバウトに置いて、イーゼルが壁などから離れていたら、どうか。それだけで法律違反になるのだ。

カイゼン事務局を担当する
営業企画部　課長　北村信也さん

「そうならないように、こういう大事なことこそ、カイゼン事例を通して憶えてもらいたい。具体事例なら、わかりやすいし、『こうしたらよい』という対策もわかる。カイゼン事例は最高の教科書」と、北村さん。だから、事例共有化にもかなり積極的だ。

カイゼン共有化で違反を未然防止

お客様がパチンコ玉を〝景品〟に替え、それを店外の交換所で買い取ってもらう——というシステムがある。

お客様に交換所の場所をよく聞かれるため、カウンターに案内地図を用意したらどうかというカイゼンが提案された。イチイチ説明不要、お客様にも便利で良し——と思いきや、実はコレも『風営法違反』にあたる。

「店舗と交換所は関わりナシ」が原則のため、店内での交換所の案内も風営法では禁止されているのだ。

そこで、事務局ではこの事例をとり上げ、臨時の『カイゼン知っ得情報』を全社に発信。「カイゼンとしては間違っていないが、そこに法律が絡むと、違反になる」と示した。

「聞かれたときは？」という疑問には、実際に他社店舗に行ってリサーチ。その結果を「対応策」として掲載した。これがウッカリ違反の未然防止につながっていると言う。

※

『風営法』だけではない。たとえば、緊急時の対応などもカイゼンを通して学ぶことが多い。たとえば——

お客様が倒れたり、ボヤ発生などで救急車や消防車を呼ぶとき、慌てることがある。そこで、半年に1度の消防訓練のときにスタッフが消防署員に聞いて、対応マニュアルをまとめた。これを見れば落ち着いて対処できる。

「カイゼンがなかったらマニュアルを作ることもなかった。カイゼンをツールに、いろいろ勉強できる。その広がりがおもしろい」と、北村さん。

改善事例

回収するしくみで パチンコ玉の持ち出しを防ぐ

改善前

フロアにパチンコ玉がよく落ちている。

スタッフは本来拾った玉を倉庫に返却しなくてはならない。

しかし、ポケットに入れたまま更衣室に持ち込まれる事がたびたびあり、時には床に落ちている事もあった。

改善後

手元の玉を確実に回収するしくみを作った

回収ボックスを準備、終礼時に責任者立会いのもとで返却するしくみにした。

回収ボックス

底にマジックテープを貼り付けて着脱をワンタッチに。

テープは販促ポップ用に購入したものを利用。

効果

・しくみを作った事で返却もれを防げるようになった
・責任者もいちいちスタッフに注意しなくてもよくなった
・更衣室の整理にもつながった

定石 「気をつけよう」より気をつけなくてもいいしくみ

改善事例

接客に忙しいカウンターに代わってホールで空き台案内放送を担当

改善前

店内放送はカウンタースタッフが担当していたが、受付業務に慌ただしくなると放送がままならなかった。

台が空いても待っているお客様を案内する放送ができない事がしばしばあった。

改善後

空き台を案内する放送は、ホールスタッフが放送業務を常時担当する事にした。
責任者だけでなく一般スタッフも携わるようになった。

効果　・空き台待ちの時間が大幅に短縮された

定石　**「誰でもできる化」**

改善事例

発注を指示する貼り紙でおしぼりロールの在庫切れを防ぐ

改善前

おしぼりロールが残りわずかになっても発注されず、在庫切れになる事がたびたびあった。

改善後

ボックスの奥に発注を指示する紙を貼り、この紙が見えたら必ず発注するようにした。

残り5個で注文お願いします
残り5個で発注！

定石「発注点管理」

改善事例

台鍵差し間違いを防ぐ目印シールの連続カイゼン

改善前

鍵束に台鍵とよく似た形状の鍵があり、何度も差し間違えていた。

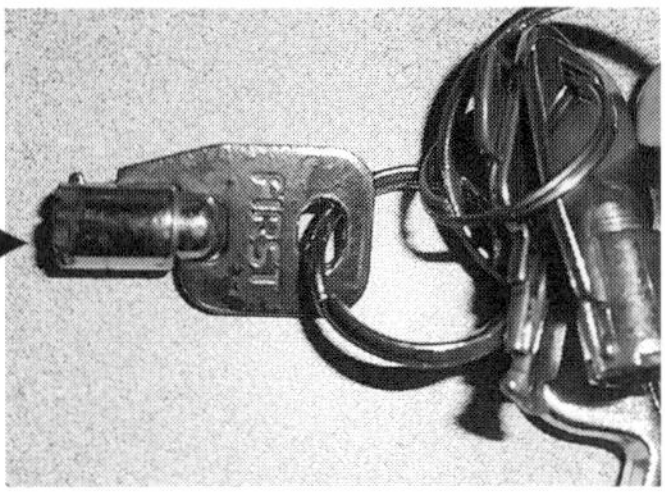

この鍵を取り出したい

改善1

台鍵に識別用シールを貼り付けて、他の鍵との見分けができるようになった。

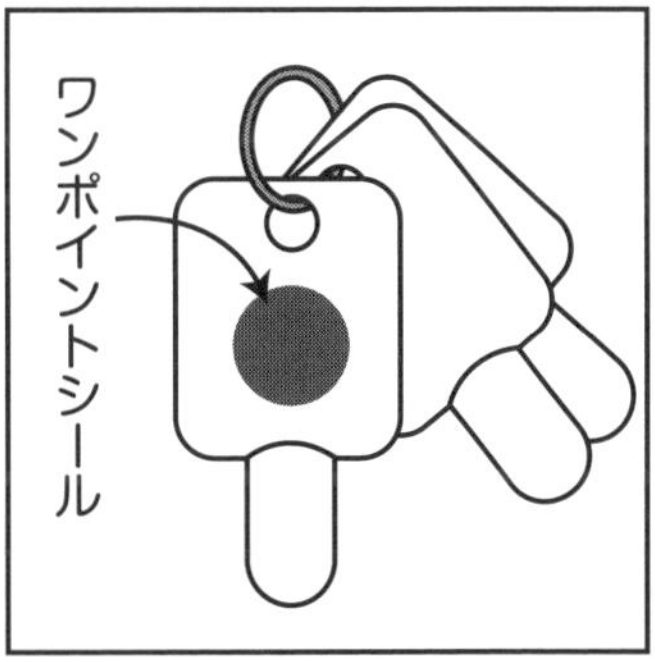

だが
使っている間にシールがはがれてきた。

やってダメならまたカイゼン

改善2

タンスのすべり止め用のイボ付きシールに変えた。ポケットの中に入っていても触っただけでわかる。

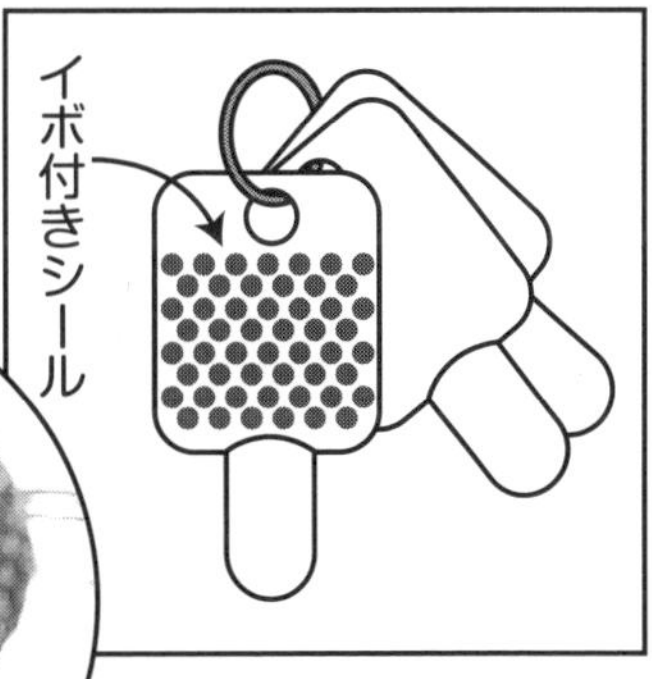

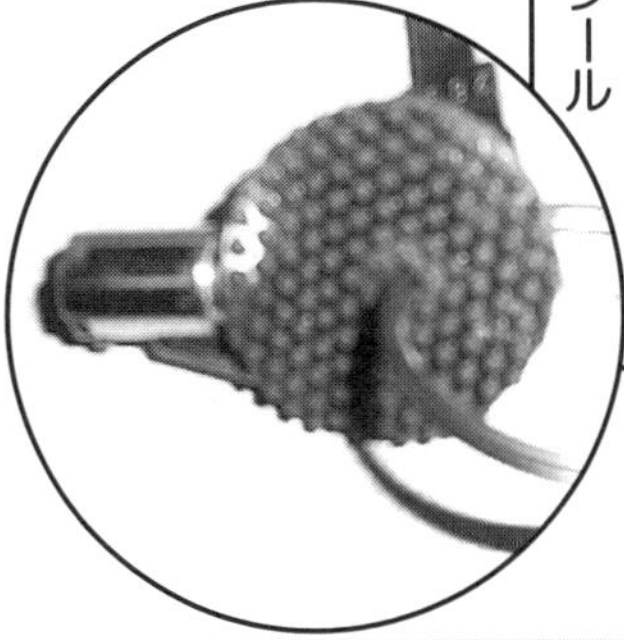

定石「視てわかる」⇒「触ってわかる」

改善事例

たばこの銘柄の番号化で二度聞きを防ぐ

改善前

カウンターでパチンコ玉とたばこを交換する際、
音がうるさくて銘柄を聞き取るのが難しかった。
時には二度聞きでお客様が怒りだす事もしばしばあった。

改善後

交換表にそれぞれの銘柄の番号を記載した。
番号で銘柄を確認する事でお客様に二度聞きする必要がなくなり、交換もスムーズになった。

交換表

①	②	③
セブンスター	セブンライト	ラーク
④	⑤	⑥
マイルドセブン	マイセンライト	マルボロ

定石「番号に仕事をさせる」

改善事例

テープで色分け ケーブルの付け間違いを防ぐ

改善前

同じ列に複数のメーカーのパチンコ台が並んでいる。台の上にあるデータランプ（台の回転数を表示する機械）を取り替える際、データランプ用ケーブルの付け間違いが発生した。

原因は？

ケーブルは見た目には似ているが形状が微妙に違い、どのデータランプのものなのかすぐにわからなかった。

改善後

データランプとケーブルそれぞれに同じ色のテープを貼り付けた。色分けによって付け間違いがなくなった。

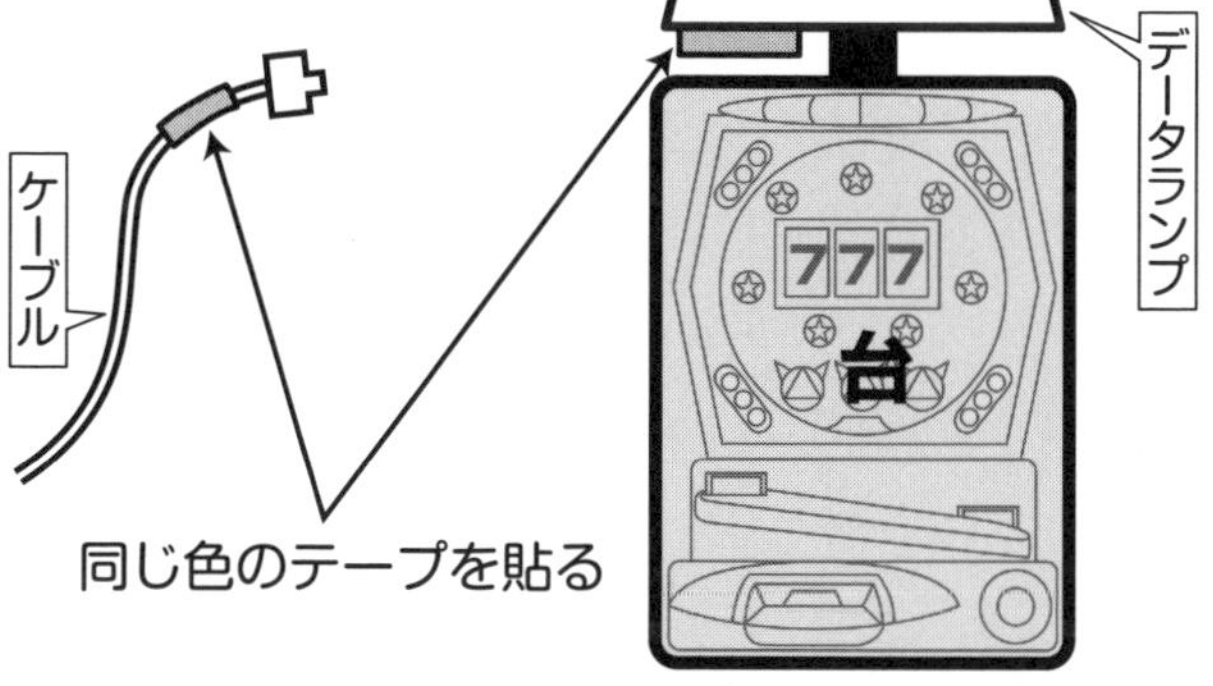

定石「色に仕事をさせる」

同社のカイゼン活動は2年前の10月、社長のひと声からスタート。当初は「改善って、何？　そんなむずかしいの、できるわけない」と、社内は誤解の嵐。そこで、北村さんは営業企画の仕事で店舗を廻るついでに、「改善って何？」との質問に答えて歩いた。

最初は改善前と後に分け月1件完結方式

同社では、月に1人1件、カイゼン報告を提出することが業務の一環として決まっている。ユニークなのが、そのプロセスだ。

1か月を「前半」と「後半」に分け、前半の1～15日で「困ったこと」「こうしたい」を見つけ、カイゼン報告書の「改善前」欄に書き出す。

後半の16日～30日で実施して、「改善後」欄に書き込む。

「改善前」を書き出した時点で一度、店長に提出。OKなら、そこでおしまい。NGなら、改善策を実施する。

「当初は前半（改善前）しか書いていない店舗も。そのときは、店長がアドバイスやヒントをコメントしてあげてね、と言ってきました。」

たとえば、消臭剤ボトルがバックヤードのアチコチに置きっ放しになっていて困る――という問題。

店長には、「元に戻さない人がいたら、そのつど注意」ではなく、「置く場所を定置化して、そこに容器と雑巾を置いて、戻しやすく」など、具体的な方法をアドバイスしてほしいと伝えている。

「こうしたやり取りを通して、スタッフも自分の意見が採用され、キチンと評価されていると実感できる。これが次のやる気につながる」と、北村さん。

3つの視点で〝エイヤー〟ポイント制で「優」の数を競う

カイゼンの審査は、基本〝エイヤー〟方式。だが、採点側の「見方」「考え方」が偏ると、審査にも偏りが出る。だから、本社、店舗、いずれも経験者の中から1人ずつ、採点者を選出。三者三様、各々別の角度から採点する。

「僕は本社なので、事務的なカイゼンはよくわかる。だから、すごく評価するんですが、現場のカイゼンはさっぱりわからない。『あ、そう』で終わる。でも、店長とか現場一筋の人は逆に『それ、いいね』と。3人の得意分野が違うから、いい」と、北村さん。

採点方法はこうだ。提出されたカイ

カイゼン通信　2012.4月号

カイゼン通信

vol.4

見方・方法・考え方・カエル
KAIZENカイゼン

編集／発行　神友商事株式会社　カイゼン事務局
題字／イラスト　営業企画課

◆なぜカイゼンを書くのか

前回「カイゼンの考え方」について確認したので今回は「なぜワザワザ、カイゼンを書いて出すのか？」を説明してみます。

カイゼンとは「今までのやり方」を「変える」ことです。

それはつまり…

従来のやり方への「小さな変革」「反逆」でもあるのです。

ところで職場には、ふたつのタイプの人間がいます。

現状維持派…「まあまあ、今のままでイイではないか」

現状改革派…「よりよく変えていこう!」


ともすれば、「余計な波風を立てず、少しの不便には目をつぶる」という現状維持派が多数を占めます。

まさに多勢に無勢。

カイゼンしたら孤立するようでは、カイゼンしようという意欲も無くなる…

でも…カイゼンしているのは自分だけじゃないと判ると勇気百倍!!

だからカイゼンしたことは目立つように堂々と書き出そう

自分がしたカイゼンを「実施」、やりっ放しにせず書いて出す。そして顕著化されたカイゼンが職場で共有されています。

神友グループで例を挙げると
・カイゼン通信の発行
・防犯・業務向上プロジェクト担当者の落とし込み
・決起大会での発表と表彰 など…
「共有化」によって”みんなでやれば怖くない”

ふつうにカイゼンができる雰囲気の職場に…。

カイゼンをやりっ放しにせず書き出す。目立たせる。

「丁寧に、ぎっしり書かなくてはいけない」

「あれこれ書かなくてはいけない」

と言うのは間違い。

「何を・どう・変えたか」で十分です。

それなら誰でも簡単に書けるはず。

カイゼンを書くことはまわりまわって自分の為なのです。

いかがでしたか？　なぜ毎月「カイゼン報告書」を提出しているのか
意味合いが理解できたと思います。
これからもドンドン「カイゼン報告書」書いていきましょう!

誌面に登場するカエルのイラストは、『改善基礎講座』のイラストをアレンジしたもの。社内の絵の得意な人が擬〝カエル〟化して描いている。季節に合わせてアイテムを変えるなど、芸の細かさが「飽きられない」秘訣かも!?

ゼン報告書に、それぞれが「優・良・可」のいずれかをつけて、北村さんにメールする。メールを使うのは、集まる時間の節約と、他の人の意見に左右されないようにとの配慮から。

　この結果を月単位で集計し、

＊優が1つだけなら『月間賞』
＊優が2つ以上なら『月間大賞』

と決まる。

　一方、同社には「1件○○円」という奨金は、ない。代わりに、前述の「優」を1コにつき1ポイントとして加算していき、年間で最多ポイントを獲得した人が『改善MVP』として、年度末の決起集会で社長から表彰を受けることになっている。

　ほか、年間で『優』を1つ以上獲得すれば、表彰の対象。賞品がもらえる。「これが、いい意味でやる気、責任につながっています。（ポイント数の）途中経過は公表していないので、時々、店舗を廻りながら、ポロっと漏らしたりして、競争心を煽っています（笑）。」

カイゼン赤ペン一発解説

『カイゼン通信』のウラは、月ごとの「カイゼン大賞」事例を紹介。報告書に赤ペンで「定石」などを記入。カイゼンの勘所を簡単に理解できるように解説している。

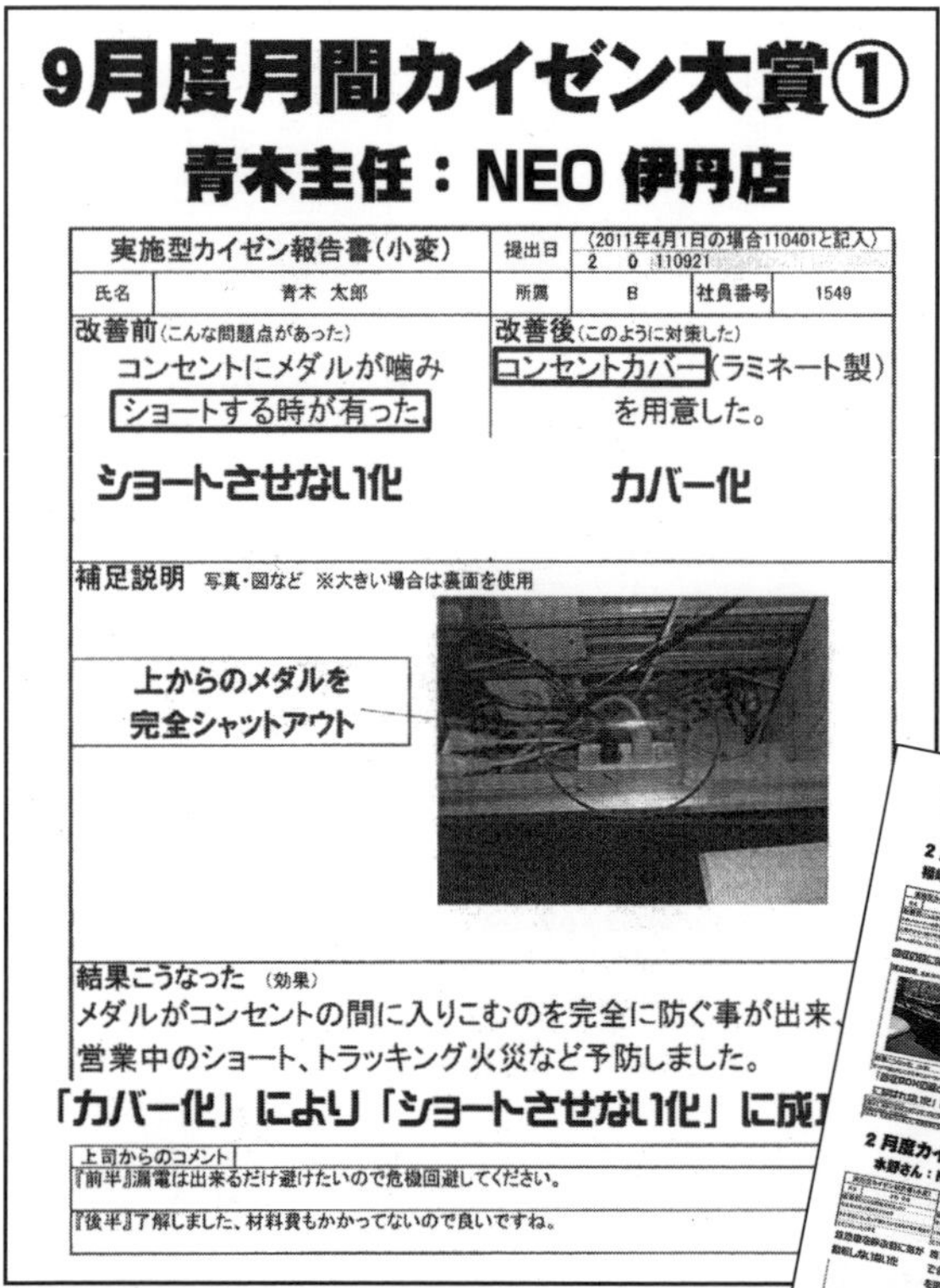

9月度月間カイゼン大賞①

青木主任：NEO 伊丹店

実施型カイゼン報告書（小変）		提出日	〈2011年4月1日の場合110401と記入〉 2　0　110921		
氏名	青木　太郎	所属	B	社員番号	1549

改善前（こんな問題点があった）

コンセントにメダルが噛み
ショートする時が有った。

ショートさせない化

改善後（このように対策した）

コンセントカバー（ラミネート製）
を用意した。

カバー化

補足説明　写真・図など　※大きい場合は裏面を使用

上からのメダルを
完全シャットアウト

結果こうなった（効果）

メダルがコンセントの間に入りこむのを完全に防ぐ事が出来、
営業中のショート、トラッキング火災など予防しました。

「カバー化」により「ショートさせない化」に成

上司からのコメント
『前半』漏電は出来るだけ避けたいので危機回避してください。
『後半』了解しました、材料費もかかってないので良いですね。

『カイゼン通信 vol 1』から一部抜粋

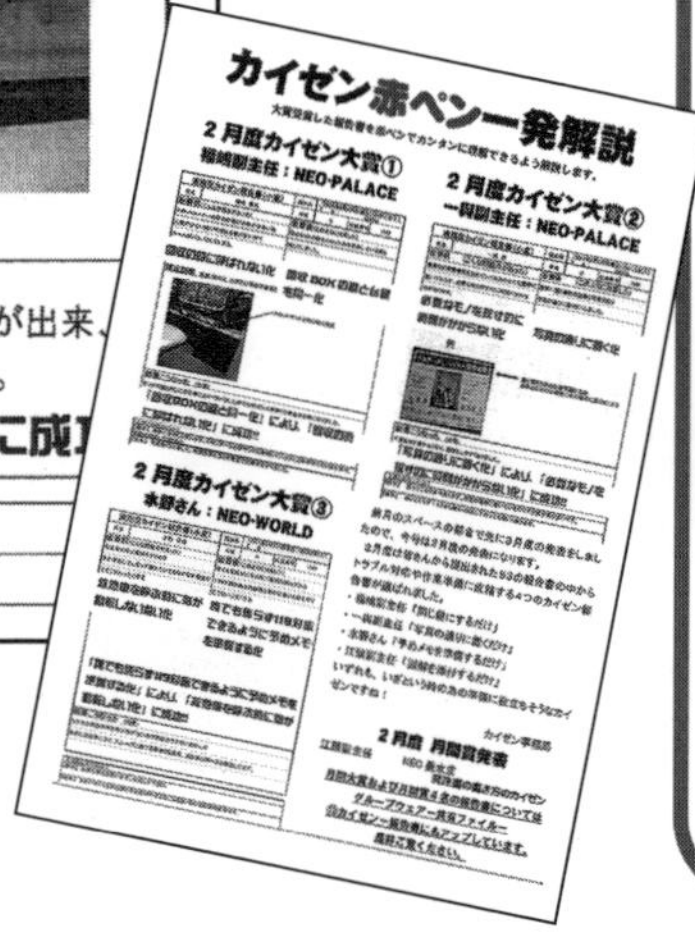

『カイゼン通信』と『赤ペン一発解説』で共有化

活動スタートから1年、初『MVP』事例を紹介するために『カイゼン通信』を作成。以降、これを毎月、定期的に発行することにした。

目的は、改善指南と事例の共有化。A4オモテ・ウラの1枚完結スタイル。オモテは「改善って何?」「どうやるの?」の声に応える内容。（前頁参照）

「毎月、『改善基礎講座』の内容を小分けにし、かみ砕いて解説しています。ココ大事というところを抽出して、パクって（笑）。本1冊読むのが大変な人も、これなら5分で読めます。」

裏は『赤ペン一発解説』。毎月「カイゼン大賞」をとった事例をそのまま掲載。ここに赤ペンで「定石コメント」を書き入れ、カイゼンの勘所を短い言葉で解説している。

サクッと気軽に読めるのが魅力の同社流改善テキストだ。

対談

カイゼンがコミュニケーションのある空気をつくる

同店で活動のリーダー役を担う青木さん。
第一回「改善ＭＶＰ」受賞者でもある。
社内、店舗内でのカイゼンの役割について、
北村さんと青木さんにお話を聞いた。

ＮＥＯ伊丹店
主任　青木 太郎さん

――カイゼン導入後、店舗内に変化はありましたか？

青木　はい。店舗のスタッフはルーティンワークが多く、日々の仕事を漫然とこなすだけでは、おもしろくない。でも、月に１件、カイゼンを考えることで、刺激になり、発言の機会も多くなりました。一人ひとりのモチベーションアップにもつながっていると思います。

――アルバイトさんたちは？

青木　活動対象ではありませんが、話をする中で意見を吸い上げたり、それが改善のきっかけになることも。以前は「こうしたらいい」とか、アルバイトさんからは意見が出なかった。そういう空気ではなかったんです。

――カイゼンが話しやすい空気を作っている、と？

青木　そうですね、知らないうちに（笑）。

北村　本社と店舗間も同じ。（カイゼンを導入するまで）本社では各店舗の一般スタッフと接点がなく、すべて店長を通してのやりとりでした。その垣根を取っ払うきっかけになったのがカイゼン。

たとえば、店舗スタッフから「大きな箒を買うと掃除がラクになるけど、お金がかかる。上に言いニクイ」というカイゼン（提案）が出されれば、事務局が店長に伝え、フォローしたり。本来なら、そうしたコミュニケーションは現場でするのが一番ですが、シフト制でタイミングが合わなかったり、店舗の空気などもあって、なかなかむずかしかったようです。

事務局ではそういうことをなるべく見逃さないようにしてきました。

――現在はどうですか？

北村　カイゼンレベルの小さいことに関しては、今まで許可をとっていたことでも、店長がその場で判断できるようにしたので、店舗内でモノゴトがはやく進むようになったようです。

同社にとってカイゼンとは、単なる「効率化の手段」ではなく、「学びの場」であるとともに、コミュニケーションツールとしても機能しているようだ。

特集3

仏壇メーカーの改善
匠も営業マンも「考える仕事」を

森正株式会社

「名人芸」「職人芸」的技能が求められる伝統工芸の世界。
仏壇メーカーもそこに身をおく業界の1つだ。
作り手には「高品質をつくる」ことがまず求められる。
だが、せっかく高品質のモノでも売れなければ仕方がない。
そこには「高品質の営業・企画・管理」が必要だ。
そこで、「高品質」を得るための1つのツールとして「改善」をスタート。
毎年「前年より1件でも多く」を全社で有言実行中だ。

■会社概要
創　立：昭和42年
設　立：昭和48年
社員数：40名（全グループ総従業員数134名）
本　社：徳島県板野郡
主に唐木仏壇、仏具の製造と卸小売販売

「創意とくふう」誌　1013年2月号掲載

同社では、「品質向上委員会」「5S委員会」「安全衛生委員会」など、さまざまな「委員会」を組織し、全社で品質強化に取り組んでいる。
その一環として、8年前、「カイゼン委員会」を立ち上げ、改善活動を本格的にスタートさせた。以降、「考える仕事」をスローガンに、工場、営業現場ともに活発に活動を続けている。

「しくみ」は同じ、「しかけ」はそれぞれ

「もともとは工場メインの活動でしたが、営業にも改善が必要と、工場と本社に分かれて取り組むことになりました」と、常務取締役の井内 純さん。

工場も、営業部門（本社）も、「しくみ」はほぼ同じ。たとえば、

＊改善提出一律1件300円
＊優秀改善を選んで定期的に表彰
＊毎月テーマを決めたイベントを実施
＊月刊カイゼンニュースで事例共有化

など。だが、実際にどう推進していくかは、工場と本社では仕事も環境も異なるため、それぞれの委員会に任せることになった。

投票制でしっかり共有化 本社編

「目標は、前年度以上の件数を出すこと。でも、それがなかなか難しい」と、本社改善委員会・副委員長の北川辰也さん。どうしても、効果のある改善を求めてしまうからだ、と言う。

そこで、本社（企画・管理・営業部門）では、できるだけ簡単で、誰でもできるものを書き出してもらうよう、委員自ら実行、加えて、共有化にも力を入れている。

そのひとつが、4年間、毎日続けてきた朝礼での事例紹介。提出された事例の中から2～3件、わかりやすいものを委員が選んで、読み上げている。

これを主軸に、毎月・毎年ごとにさまざまな「しかけ」を展開、個々の目標達成を図っている。

◎「投票制」というしかけ

本社では月2回『改善の日』を設け、用紙を全員に配り、その日中に1人1件、必ず書き出してもらっている。

当初、提出された用紙をすべて掲示板に貼り出していたが、これでは見ない人も。「そこで、部署ごとの回覧に変更。でも、見ない人はやっぱり見ない。

No.
カイゼン・提案用紙
提出日：平成　　年　　月　　日
氏名：
カイゼンの日提出用
月　日用
アシスト：
該当するものに○《マル》→　カイゼン・提案・節約コラボ・（　　）
改善前（問題点）
改善後（対策）
効果・コメント
金額：年間　　円の節約
時間：年間　　分の節約

（左から）
常務取締役　井内　純さん
本社改善委員会 副委員長の北川 辰也さん
同 委員長の林　良美さん

その上、コピーの手間やコストがかかる」と、委員長の林 良美さん。

現在は、回覧をやめ、社内サーバに用紙をアップし、本社社員なら誰でも閲覧できるようにしている。

と同時に、それまで委員が選んでいた「今月のオススメ改善」を本社全員による「投票制」に変えた。「投票するためには、すべての用紙に目を通し、しっかり見る必要がある。それが狙い」と、林さん。

月ごとに、提出されたすべての用紙を掲示板に貼り出し、連番をつけ、「これイイ」というものを、複数回答可で全員に投票してもらう。その中から投票数が最も多かったものに、金一封を添えて『※ちいむかえる賞』を授与する。

そのほか、『見える化賞』『わかりやす化賞』など、テーマ別に月1回選考。前述の「今月のオススメ改善」とともに、4か月に1回、全体朝礼でまとめて表彰、改善内容を委員が読み上げ、皆に紹介している。表彰状には改善用紙

※「ちいむかえる」とは本社改善委員会の名称

をそのまま掲載（左記）。事例付きの「世界に一枚の表彰状」だ。

さらに、選考に残ったものの中から、「改善社長賞」が年1回選ばれる。

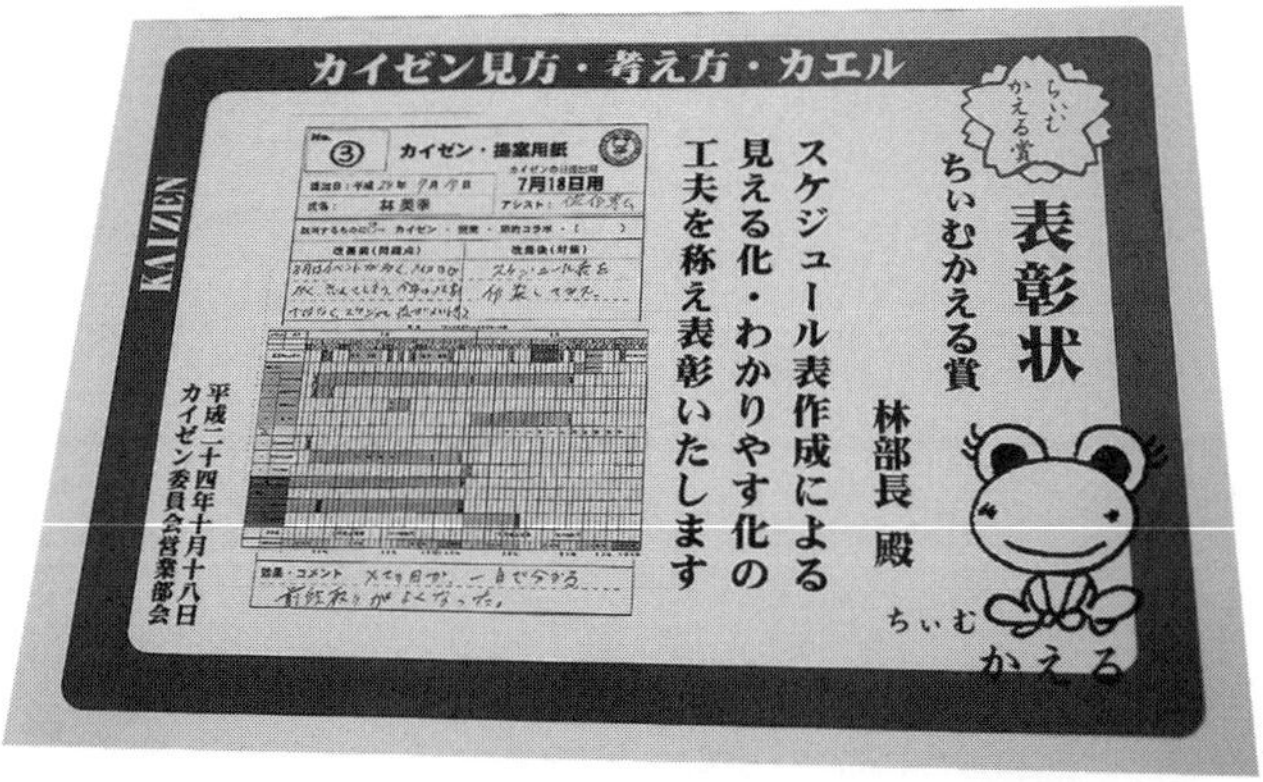

※裏表紙カラー版を紹介しています。

◎アシスト制度

月ごとにイベントも実施している。

たとえば、自分の困っていることを改善用紙に書き出し、それに対し、「こうしたらどう?」という「案」を募集する。この案を用紙に書いて提出し、採用→実施されれば、前頁のごとく、用紙の「アシスト欄」に名前が載る。

年間で、この欄にもっとも登場回数の多い人には『もっともアシストしたで賞』が授与される。

多角度からの表彰で共有化　工場編

事例共有化のむずかしさは、工場にこそある。部署（工程）ごとに仕事がまったく違うからだ。

特に仏壇は、それぞれの工程で「熟練の職人」が「匠の技」で作り上げていくもの。そうした世界では、提出された事例をすべて共有化しても、部署の違う人には改善内容「?」というものが少なくない。提出件数も多く、提出されたすべての事例に目を通してもらうのがむずかしかった。

そこで、工場では各工程から1人ずつ、委員を選出。各委員らが毎月、提出事例に目を通し、誰にでもわかる事例を2件、投票制で選ぶことにした。

この2件が「今月のMVP候補」として工場全員に共有化されるが、月2件だけなら、サクッと見てもらえる。

年度末には、各月のMVP候補を一堂に集め、工場全員で投票を行う。結果、投票数最多の事例が「年間MVP」として表彰される——という流れだ。

◎簡単・誰でもデキルをアピール

工場改善委員会・委員長の江川辰也さんは言う。「委員らに選ばれる改善は、写真等が付いた、パッと見わかりやすいものが多い。だから、補助具を作った等、結構、大掛かりなものに偏りがち」と。それ以外の、もっと簡単な、たとえば「剥がし方」や「留め方」を変えただけで、傷がなくなった等の小変も多いに取り上げ、「これぞ改善」とアピールしたいというのが、江川さんの本音だ。

(左から)
工場改善委員会　委員長の江川辰也さん
同　副委員長の細川誠次郎さん

そこで、昨年は、委員らが選ぶものとは別に、「簡単だけど、これイイ!」というものを3ヵ月に1回のペースで選び、『委員長賞』として表彰した。

◎月4件の理由

現在、工場では40歳以下の人は「月4件」が目標——と少し多め。「現場の平均年齢がどんどん若くなり、以前はアタリマエだった『より良い仕事のやり方を自分で考える』ことがなされなくなった。その人たちに『考える仕事』を植え付けるツールとして改善を活用したい」というのが理由だ。

◎テーマを決めてチームで

毎月の目標件数を増やすのと同時に、現場での実際の改善のきっかけを増やすのが工場流。月1回、5チームに分かれたメンバーで他部署に行き、テーマに沿って改善を提案。翌月までに実施→発表——という取り組みを始めたばかりだ。

たとえば、「スペース効率化」というテーマなら、「ムダな台車が多い」に着目、「2段置きの台車を活用」などの改善を実施する。これを用紙に書いて提出すれば、「改善1件」とカウントされる。

「違う部署を見たら、違う視点から、違うアイデアが出る。そこから、自部署にも同じような問題があるのではと気づくことも。問題を見つける目を養い、見つけたら即実施を身につけてもらいたい」と江川さん。

◎委員会でコラボ

委員会同士で連携して、品質強化を図る取り組みも。「特に工場では、品質向上と改善は連携しやすい」と、副委員長の細井誠次郎さん。たとえば、クレームのもとになる仏壇の「キズ」なども、後から補修するのは大変。だが、作業方法などを改善すれば、「キズ」そのものができない等。これぞ、本当の品質強化だ。

ザックリ
見てみよう

お仏壇ができるまで

設計 → 生産計画

木材購入

↓

製　材　板材を選別、必要な厚みにカット

↓

乾　燥　1年自然乾燥＋蒸気乾燥

↓

木取り　板材から必要な部分を選び、必要本数にカットして揃える

同社の代表的なお仏壇は
約200もの部品
からできている

↓

部材加工　寸法表にあわせ唐木、和木を練りあわせて、幅や厚みを決める

↓

部品加工　各部署に分担し、図面に基づいた部品をつくる

↓

塗　装　着色、吹き付けなど、6～8工程にわたり、塗料を重ねていく

↓

研　磨　塗料を吹き付けた表面をそのつど丁寧に研磨

仕上がりは
研磨が
モノを言う

↓

組　立　図面に合わせ細かい加工を加え組立て、大戸や障子を吊り込む

↓

仕　上　キズ、割れなどを補修、全体吹き付けをして仕上げる

匠たちの改善

匠の技もらくちん化でもっと早く・キレイに

事例

テープで色分け+まとめる⇒らくちん化

仏壇の部品に色を付ける作業。

スプレーガンで塗料を吹き付け、
塗装していた。

塗料には黒丹色と紫丹色の2色があり、
部品によって塗り分けている。

スプレーガンが2つあるため、
どちらがどちらの色がわからず、
イチイチ噴霧して確かめていた。

確認を怠り、うっかり間違えることも。

そこで！

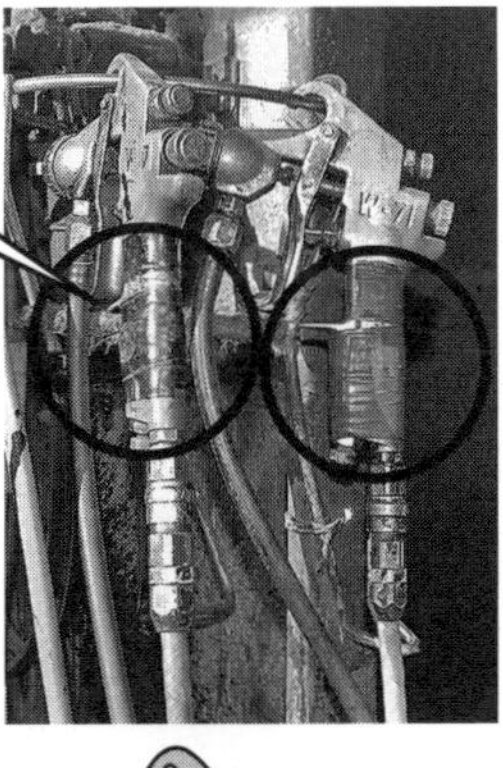

**黒丹色には
黒いガムテープを
紫丹色には赤いテープを
貼っておくことにした。**

**これなら、
パッと見ただけでわかる♪**

さらに！

スプレーガンには、
ホースが2本（塗料とエアー）付いていた。

これが邪魔になり、作業しづらかった。

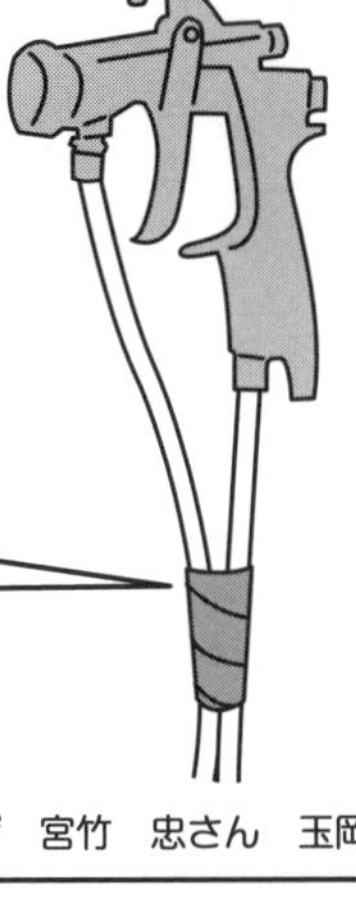

そこで！

2本をテープで巻いて束ねた。

これで、やりやすくなった♪

事例提供：仕上げ　宮竹　忠さん　玉岡　強さん

事例

タイヤチューブ活用でピタッと⇒らくちん化

研磨機にペーパーサンダーをセットし、回転させる。

コンベアのように流れるペーパーサンダーの下に部品を置き、上からパットで押さえることで、部品の表面を磨いていく。

問題は、パットの持ち手

右のように、パットに手を入れて押さえるが、既製品の持ち手はフェルト製。硬くて、手にフィットしないため、力を入れないと外れそうだった。

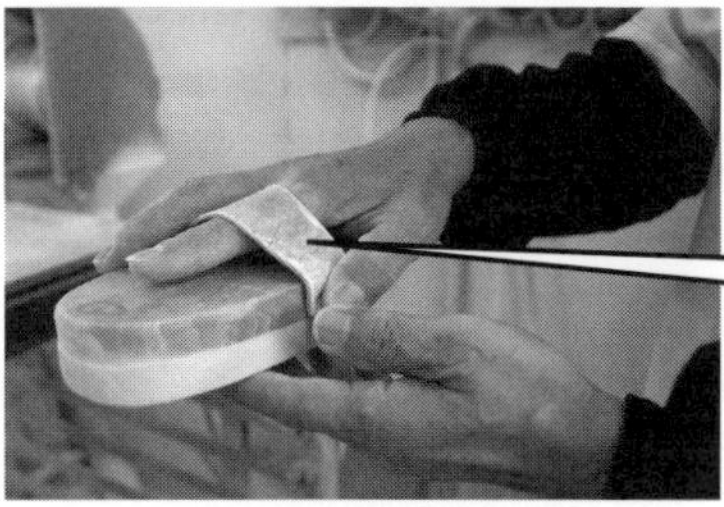

そこで！

持ち手を自転車のタイヤのチューブに変えた

ちょうどよく、手がピタっとおさまる。力を入れなくても大丈夫！

長く使っても手が痛くなりません♪

事例提供：研磨　和田　保さん

事例

まとめる⇒らくちん化

やにどめ塗装（塗装がやせないための塗り）した部品の研磨。

今まで1枚１枚、
ペーパーで研磨していた。
時間がかかっていた。

そこで！

**同じ長さ、厚みの部品を並べ、
まとめて研磨することにした**

磨きやすいから、はやくできる♪

事例提供：塗装　榊原　実さん

事例

マルにはマルの補助具活用⇒らくちん化

仏壇の棚の前面は、外から見えるため、
よりキレイに仕上げたい。

セメ板※のまるい部分が狭く、
研磨具が当てにくかった。

※棚が載る側面の部品

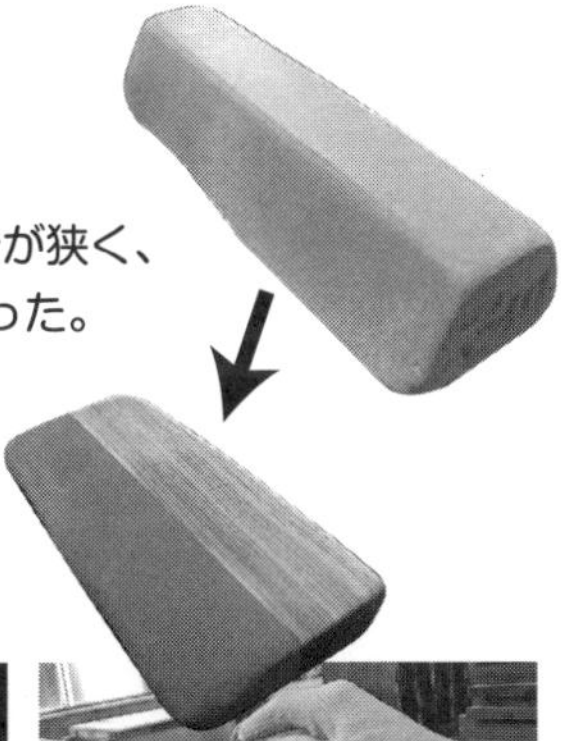

そこで！

**木片とゴムを貼り併せ、
形に合う道具を作った**

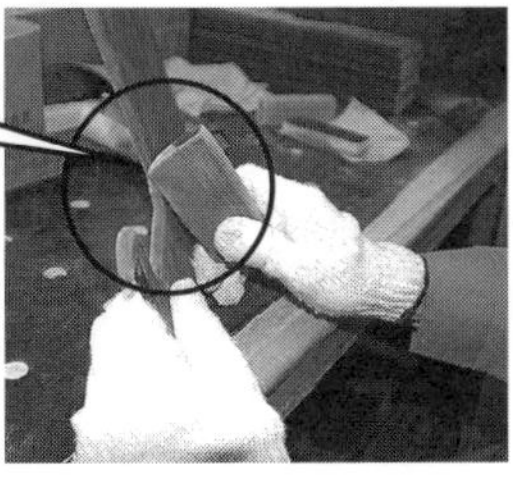

**擦りやすく、
仕上がりもキレイ。
スピードもアップ♪**

事例提供：研磨　石川　政人さん

事例

布テープで歯止め⇒らくちん化

研磨機（内面サンダー）で部品の内側を擦る作業。

タテに回転する研磨ベルトに
部品の内側を押し当て
表面を磨いていく。
部品

ある程度、
力を加えないと研磨できないが、
力を入れすぎると、ベルトを押してしまう。

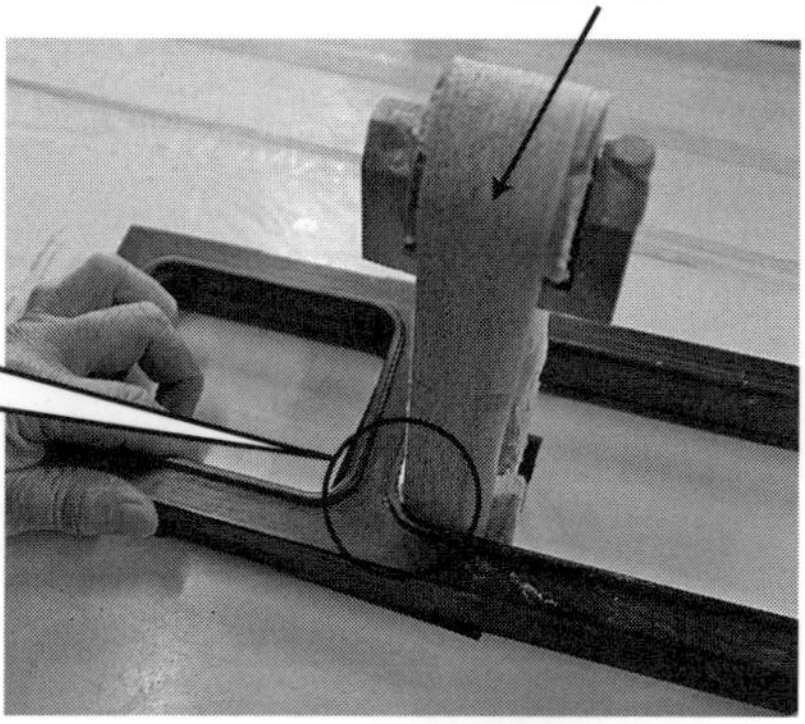
研磨ベルト
押されたベルトがズレ、
部品の研磨箇所以外のところ
に当たり、キズを付けてしまう。

そこで！

ベルトの装着具に布テープを重ねて貼付し、
ベルトが当たらないようガードした

布テープの厚みが
歯止めになり、
ベルトが直接、
当たらない。

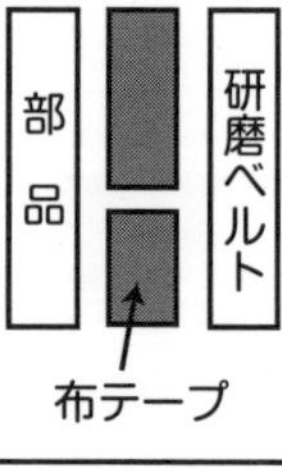

これで、
部品にキズが付くことがなくなった♪

事例提供：塗装　榊原　実さん

営業現場の改善
企画・管理・営業の暗黙知を見える化

事例

大きな矢印で案内⇒まちがえナイ化

本社駐車場前に看板を出し、ショールームへ誘導――のはずが……

ショールームは「もう少し先」なのに、まちがって看板脇の通路から本社へと入って来る人も。

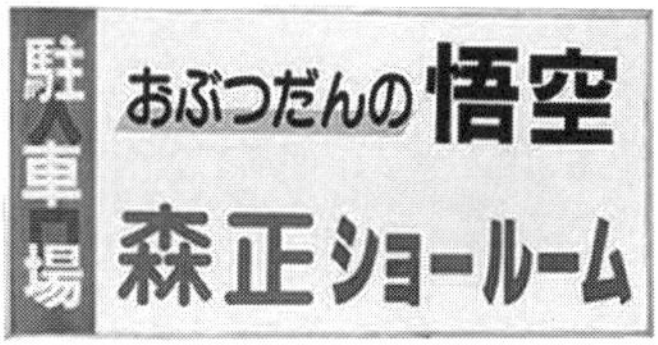

そこで！ 大きな矢印で「30m先左側」と表記。

これで、
まちがえる人はいません♪

事例提供：企画管理部　塩田　師也さん

事例2

注意ポイントは現物に⇒誰でもわかる化

新しい彫刻機用の文字を注文するとき、
「彫り」と「書き字」では注文書の書き方が少し違う。

そこで！ 各々の書き方（注意ポイント）を注文書の表紙に貼付。

これなら、誰でもわかります♪

事例提供：企画管理部　藤﨑　稚加さん

事例

地図で宅配サービスを一覧化 ⇒ ぱっとわかる化

全国の卸先に注文の仏具を発送する際、宅配会社によって配送日数と料金が違うため、「何便で」出したらよいか、わからなかった。

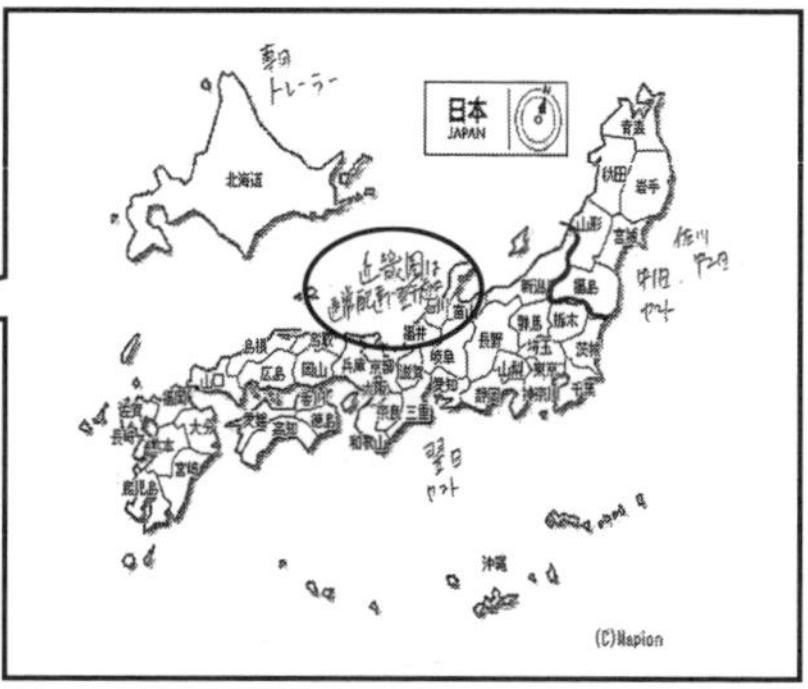

そこで！

右のような表を作った。

これを見れば、どの宅配会社を使えばよいか、パっとわかる♪

事例提供：商品開発部　相田　幸恵さん

事例

PCフォルダを5S⇒必要な情報をスグGET

パソコンのフォルダをたくさん作っていたので、必要な情報（書類など）がスグに探し出せなかった。

そこで！

フォルダを整理。

使わないものは削除、同じカテゴリーのものはひとつにまとめました。

スッキリして見やすい♪

事例提供：商品管理部　北川　美穂子さん

事例

カラーコピーを**ヤメル** ⇒ これぞ営業の**極意**

新商品の案内をカラーコピーして客先（販売店）に配布していた。
1 枚 21 円。コピー代がバカにならなかった。

そこで！

配布をやめた。

代わりに
ラミネート版を
作成。

これを見せて、
興味ある客先には
コピーしてもらいます。

コストダウンだけでなく、
重点営業先も明確になった♪

事例提供：副社長　東條　隆彦さん

事例

前年実数**欄**追加 ⇒ **対比**で目標明確に

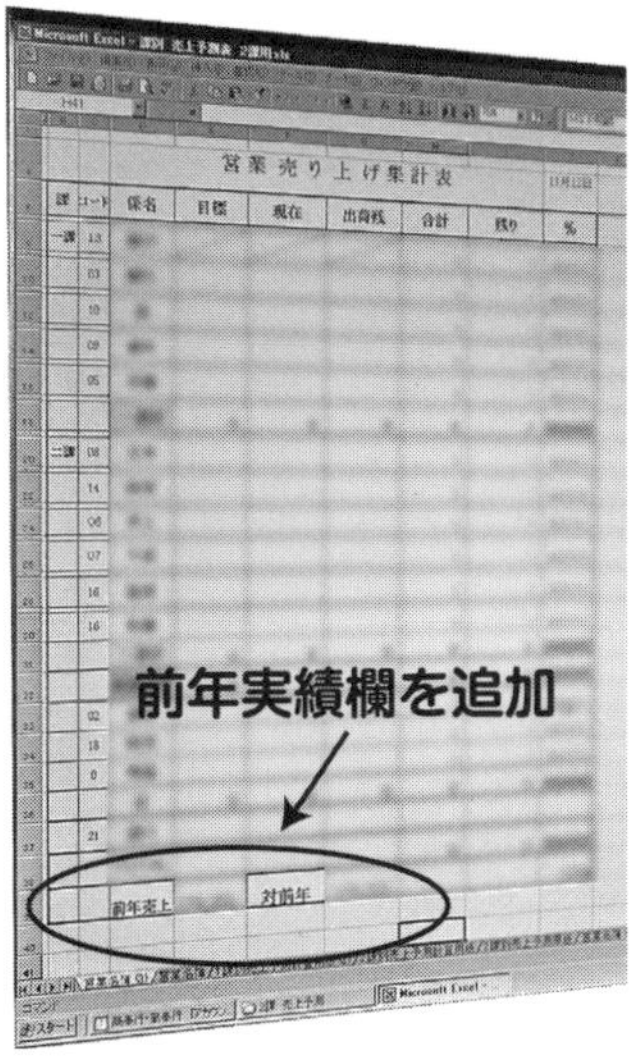

前年実績欄を追加

「前年実数を上回る」のが実質的な売上目標。
だが、売上集計表には「当年の実数」しかなかった。

そこで！

「前年の実数」欄を作り、対比できるようにした。

本当の「目標」が明確に！
当月ダメなら
翌月もっと力を入れます。

これで、営業力Ｕｐ、
成果に直結しています♪

事例提供：営業部長　林　美幸さん

第7章

改善Q&A・ズバリ解答

カイゼンQ&A

ズバリ解答①

ナゼ、何のため「実施済・改善」を「簡単な改善メモ」に書き出すのか？

「自前の事例教材」を作成し、「次の改善」に、さらに「次の改善」に発展させるため。

☆

「1回・だけの改善」でいいのなら、何も、ワザワザ「実施済みの改善」を「書き出す必要」はない。

「当面の問題」が解決され、もう、それ以上の改善など、全く不要なら、「改善のやりっ放し」でいい。

だが、実際は、「世の中」は、常に変化している。その変化に対応して、「より良い仕事」を、やり続けるには「1回だけの改善」ではダメ。

「状況の変化」に対応して、

◎**「さらに、改善」**
◎**「もっと、改善」**
◎**「ずっと、改善」**

——という「継続的・改善」が不可欠である。

☆

では、「さらに、もっと、ずっと」という「継続的・改善」をするには、どうすればいいか。

それは、「せっかくの改善」を「やりっ放し」にせず、

①「簡単な改善メモ」として書き出す
②「改善の定石」を書き加える

——ことで、「改善事例」を「事例・教材化」すれば良い。

改善を「書き出した・だけ」では、それは、「単なる改善事例」に過ぎない。

だが、それに「改善の定石」を付加すれば、

*「こんな場合は、こうすればいい」
*「このような問題は、これで解決」

——という「教材」に。すなわち、「改善・事例教材」となる。

その過程で、部下と上司のアタマに「事例+定石」の「組み合わせ」が、大量に蓄積される。

その蓄積が、そのまま「改善力」、あるいは「改善指導力」となるので、「さらに、もっと、ずっと」という「継続的・改善」につながっていく。

ナゼ、何のため

すでに実施した

実施済改善を

やりっ放しにせず、

簡単な改善メモとして

ワザワザ書き出すのか？

それは

自前の事例教材を作成し、

次の改善に、さらに

次の改善

に継続→発展させるため

カイゼン Q&A ズバリ解答②

ナゼ、ワザワザ「実施→顕在化→共有化」という「実施型・改善活動」を展開するのか？

「変化を受け入れる職場風土」や「変化に強い企業体質」とするため

☆

「世の中」は変化している。特に、経済情勢は、めまぐるしく変化している。ゆえに、「変化に対応できない会社」は潰れる。

そのため、どの会社でも、

「変化に対応しよう」

「変化に対応すべく改善を」

——といった「呼び掛け」がなされている。しかし、「呼び掛け・だけ」では、変化に対応できない。たとえ、一時的には対応できても、後が続かない。


なぜなら、「変化に対応」とは「前例の否定」であり、改善とは「今までの仕事のやり方」の否定だからである。

多くの人々は「今までの仕事のやり方」に固執し、「仕事のやり方の変更」、つまり、「仕事のやり方の改善」に対して、ナンダ、カンダと言って抵抗する。

そのような「前例否定がやり難い職場」や「仕事のやり方の変更がやり難い会社」では改善は続かない。


改善活動を「定着化→活性化」させるには「前例否定のやり易い職場」、「変化を受け入れる職場風土」が必要。それには、大量の「改善事例」、つまり、大量の「前例否定・事例」の共有化が不可欠である。それによって、

「変化に合わせ、前例は否定すべき」

「前例は、ドンドン変えていくべき」

——という「共通認識」が、少しずつだが、ジワジワ浸透していく。

あるいは、

「前例否定は、前任者の否定ではない」

「改善は、前任者の人格否定ではない」

——ということも理解される。


その「積み重ね」で、少しずつだが「変化に対する免疫」ができ、「変化への抵抗」が減っていく。

それによって、その職場での「前例否定のやり易化」、つまり、「改善のやり易化」が実現され、「変化を受け入れる職場」や「変化に強い企業体質」ができてくる。

なぜ

実施→顕在化→共有化という

改善活動が必要か

前例否定の

許容化→やり易化で

変化を受け入れる職場風土

変化に強い企業体質

改善＝前例否定の

共有化で状況の変化に合わせ

前例は否定すべき

前例は変えられるという共通認識

変化への免疫ができ

変化への抵抗がなくなり

変化への反射神経が鍛えられる

ズバリ解答③

カイゼン Q&A

「改善を書き出す」のが「苦手な人」への指導法は？

「問題欄・だけ」を書き出しておく「改善的・分割記入法」が勧められる。

☆

「改善そのもの」はやっているが、「改善用紙」に記入しない社員には、「どのように指導すればいいか」——という相談がある。

その「最も効果的な対策」は、「改善的・分割記入」である。それは「とりあえず、問題欄」だけを、先に記入しておくという方法だ。

「改善」を書き出すという「改善の顕在化」が苦手な人は、締切直前に、一挙に書こうとしている。

そのため、なかなか書き出せない。また、「書くべき内容」を思い出せないので、書くのが苦痛となる

しかし、「改善用紙」は「一挙に書かなければならない」というキマリはドコにもない。

「手っとり早い顕在化」の原則は

①とりあえず、「書けること」を書く

②とりあえず、「書ける欄」から書く

——である。

では、とりあえず、何が書けるか。それは「問題欄」である。これなら、誰でも、いくらでも書けるだろう。

たとえば、

＊「やりニクイ」
＊「わかりニクイ」
＊「汚い・汚れる」
＊「危ない・危険」
＊「迷う・間違える」
＊「イライラ・バタバタ」

——など、「困ったこと・嫌なこと」なら、いくらでも書けるだろう。

もちろん、「対策欄・効果欄」など「実施・後」でなければ書けない。それらは「後回し」でいい。

とりあえず月初に「問題欄だけ」を書き出しておく。そして、月末に、見直してみる。

すると、いくつか改善済に気づく。すでに、「問題欄」は記入済みゆえ、「対策&効果欄」を書くだけでいい。

改善用紙の改善的

分割記入

全部を一挙に書くのではなく

書ける欄 を

書ける時に書く

「改善前＝問題欄」なら、今、スグ、書き出せる

ズバリ解答④

カイゼンQ&A

「改善用紙」による
「改善的・定期点検」とは？

①月初に、「問題欄」も書き出す
②月末に、それらを見直す
③実施済、「残りの欄」を記入する

☆

変化の激しい時代では、
◎「仕事のやり方の見直しを！」
◎「仕事のやり方の点検を！」
――などといった「呼び掛け」がなされている。

だが、それらは「呼び掛けっ放し」、または、「見直しっ放し」になっていないだろうか。

本気で、「仕事のやり方」を見直し、変えていくには、「言いっ放し・やりっ放し」ではなく、
①「毎月・定期的な見直し」
②「とりあえず、問題欄を書き出す」
――という「定期化・記録化」が不可欠である。

☆

ただし、「余計な手間」がかかるのはダメ。なぜなら「手間のかかること」は続かないからだ。

最初は、張り切ってやっていても、忙しくなると、後回しになってしまい、やがて立ち消えとなる。

そこで、手っとり早い「定期点検の道具」として勧められるのが、「改善用紙・改善メモ用紙」である。

これなら、メモ感覚で、とりあえず、
＊「困ったこと」
＊「イヤなこと」
＊「迷う→間違える」
＊「モレる→モメる」
＊「手間取る→遅れる」
＊「イライラ・バタバタ」
＊「やりニクイ・できナイ」
＊「わかりニクイ・わからナイ」
――などを「問題欄」に記入できる。

月末に見直して、改善済みのものは「改善欄」と「効果欄」を埋めるだけ。

それが、そのまま「仕事のやり方」の「定期的点検→記録化」となっている。

「具体的な内容」を記入するので、「社内評論家」が書きそうな「抽象的な文書・論文」も排除できる。

仕事のやり方の改善的

定期点検

① 月初 に 問題欄 だけ 10枚 、書き出す

② 月末 に 見直す。 実施済 のものは

残りの 改善&効果欄 を記入

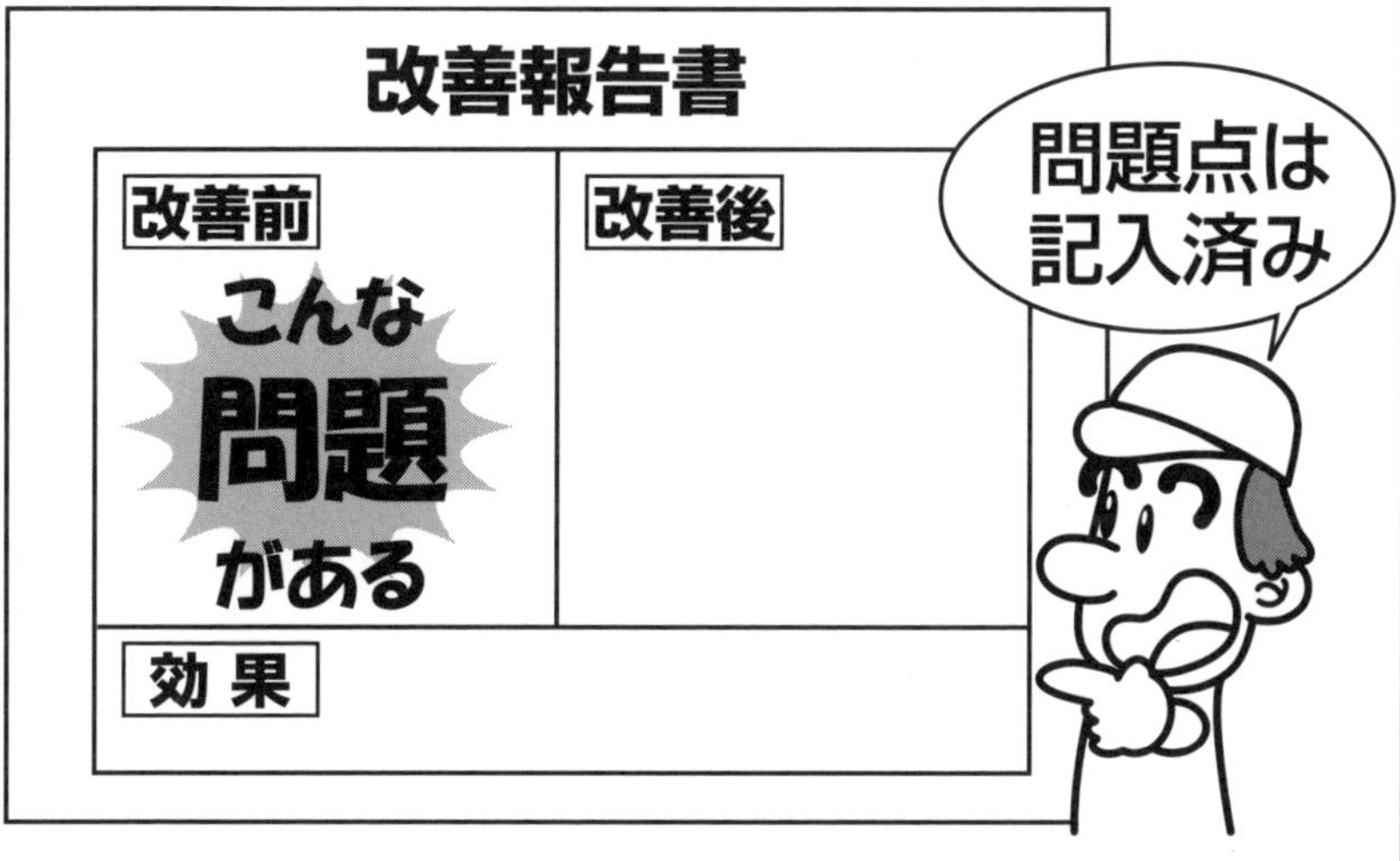

「問題欄」は記入済みなので、残りの

「改善欄＆効果欄」は簡単に書ける

カイゼンQ&A ズバリ解答⑤

なぜ、「奨金廃止」が好ましいのか？

「顕在化の意味」の理解→共通認識

☆

ナニゴトにも「両面」がある。改善制度における「奨金」にも、やはり、「メリット・利点」と「デメリット・欠点」がある。

「奨金の利点」は、なんといっても「改善へのインセンティブ＝刺激・誘因・奨励」となることだろう。文字どおり「奨金＝奨励金」である。

「お金を嫌いな人」はいない。たとえ少額でも、改善で奨金が得られるのは、気分の悪いことではない。

☆

「奨金の欠点」は改善用紙が一種の「奨金との引換証」のような位置づけとなってしまうこと。

そして、「何のために、実施済みの改善をワザワザ書き出すのか」という「顕在化の意味」が見失われてしまうことだ。

そのため、「なぜ、改善を書き出すのか」という部下の真剣な質問に対し、「奨金がもらえるから」などといった「安易な回答」がなされ、誰もが思考停止に陥ってしまう。

また、「奨金ランク」を上げるため、

*「詳しく書け」

*「ちゃんと書け」

*「こう書くと、ランクアップする」

――など「改善活動の目的」から逸脱した「愚かな指導」をする上司も出てくる。

また、そのような「詳細な用紙」に「高い評価」を与える「もっと愚かな審査員」も出てくる。

「詳しく書かれた用紙」や「厚化粧の報告」はムダである。ゆえに、そのようなものは、ランクアップどころか、むしろ減点すべきである。

「奨金」は「社員・上司・審査員」の三者に思考停止をもたらす。だが、「奨金を廃止」すれば、何のために、「実施済改善を書き出すのか」ということに関して、共通認識を得ることができる。

改善制度における

奨金の功&罪

功 = メリット・利点

＊改善への「刺激・誘因・奨励」となる。
＊文字どおり「奨金＝奨励金」である。

罪 = デメリット・欠点

改善用紙＝奨金との引換証

①何のために、実施済みの改善を
ワザワザ書き出すのか ── という
改善の顕在化の意味が見失われる。

②なぜ、改善を書き出すのかという質問に
奨金がもらえるから── などのような
「安易な回答」がなされ、
上司も部下も「思考停止」に陥る。

③**奨金ランク**を上げるため
＊詳しく書け・ちゃんと書け
＊こう書くと、等級が上がる ── など、
「改善活動の目的」から逸脱した
「愚かな指導・ムダな指導」がなされる。

ズバリ解答⑥

カイゼンQ&A!

「奨金」はやめるべきか?

ムリにやめる必要はない。
「補助具」として、活用すべし。

☆

改善活動の「あるべき姿」は、
*「奨金」など、なくても
*「改善制度」など、なくても
*「全社員」が、常に、
*「自分の仕事のやり方」を見直し
*「より良い仕事のやり方」を
*「考え、工夫してくれる」
——ことである。

☆

だが、その「理想」は、スローガンを掲げたり、お説教だけで実現・達成されるものではない。
ゆえに、今日、「多くの会社」では、
*「奨金」を払って、でも、
*「あるべき姿」に、少しでも
*「近づける」ように
*「改善活動」を展開している。
つまり、
*「奨金」は改善活動の
*「目的」をより良く達成するための
*「手段」である。
*「改善活動」を活性化するための
*「補助具」である。

☆

ところが、世の中には「目的」と「手段」を取り違える人がいる。そうなると、「奨金」が目的化してしまい弊害となる。

だが、「奨金」は改善活動を「定着化→活性化」させるための「手段」と位置づけ、「補助具」であるとの認識があれば、より効果的に活用できるだろう。

もちろん、「奨金という補助具」の有効活用によって、やがて改善活動が定着化→活性化した段階では、徐々に奨金を「減らす→やめる」という次の段階へのチャレンジが勧められる。

「奨金」がなくても、全社員が常に「各人の仕事のやり方」を見直して、工夫してくれるようになるのが、改善活動の理想であり、改善活動が目指すべき「あるべき姿」なのだから。

改善活動のあるべき姿

奨金などなくても
改善制度などなくても
全社員が常に
自分の仕事のやり方を見直し
より良い仕事のやり方を
考え、工夫してくれること

だが、その理想は
スローガンやお説教で
実現・達成されるものではない。

ゆえに、「多くの会社」では、
奨金を払ってでも、
「あるべき姿」に、少しでも
近づけるよう改善活動を展開している。

改善の奨金は改善活動の
目的をより良く達成するための**手段**である。
改善活動を活性化するための**補助具**である。

ズバリ解答⑦

カイゼンQ&A

改善表彰の「上位受賞者」が、常連化していますが、これでいいでしょうか？

「貴社の改善活動」が目指すものが「一部の人の改善」なら、それでいい。

だが、「全員参加の改善活動」なら、「受賞者層」の「固定化・常連化」は好ましくない。

☆

「良いか・悪いか」、「判断基準」は「何を求めているのか、何を目指しているのか」という「目的」によって異なる。

「目的」に合致した「手段」は良い。「目的」の達成に妨げとなる「方法」は悪い。その場合は改善すべき。

☆

「全員参加の改善活動」を求めているなら、「表彰基準」は単一でなく、「複数化・複合化」すべき。

主要な「表彰基準」が、たとえば、「効果の大きさ」など「単一化」されていると、どうしても、上位入賞者や部署は常連化されてしまう。

なぜなら、「単一基準」とは「ひとつのモノサシ」で序列を決めることだからである。

会社における「序列・選択」には「単一基準」も、やむをえないだろう。また、それも必要かもしれない。

しかし、「改善の表彰」は、

◎「改善的・基準」
◎「改善的・選択」
◎「改善的・序列」

――が好ましい。

☆

それには、少なくとも、次のような「2つの選択基準」が勧められる。

①「会社」にとってのメリット

＊「効果の大きさ」を主要基準
＊「経営への貢献度」が主要基準

②「社員」にとってのメリット

＊ラクちん化／やり易化／快適化
＊おもしろさ／意外さ／ユニークさ
＊マネ・パクり賞／ひと捻り賞

――など、イロイロな角度からの表彰。

表彰・選択基準の複数化

「表彰の選択基準」が単一だと上位入賞者や部署が**常連化**してしまう。なぜなら、「単一基準」とは「ひとつのモノサシ」で序列を決めることだから。会社における他の序列・選択は「単一基準」でもいいだろう。だが、せめて、改善の表彰だけは

◎改善的基準

◎改善的選択

◎改善的序列

――とすべき。

そのため、少なくとも、２つの選択基準とすべし。

① 会社にとってのメリット

＊「効果の大きさ」が「主たる審査基準」

＊「経営に対する貢献度」が「主たる審査基準」

② 社員にとってのメリット

＊ラクちん化／やり易化／快適化――など

＊おもしろさ／意外さ／ユニークさ――など

＊マネ・パクり賞／ひと捻り賞――――――など

カイゼン Q&A

ズバリ解答 8

改善活動の「最大のメリット」は？

手っとり早く軽快なフットワーク識

☆

改善にはイロイロな効用があるが、その「最大のメリット」は、日常的な「仕事のやり方の変更」を通じて、職場と社員に「軽快なフットワーク」が強化されることだろう。

☆

「大変」なことは、やり損なうと、「大変」だ。ゆえに、「致命的・重要事項」は、慎重に、計画的に取り組むべきだろう。

だが、「改善＝小変」は、やり損なっても大丈夫。「小変」ゆえ、いくらでも「やり直し」ができる。

☆

それゆえ、

＊「とりあえず、やってみる」

＊「試しに、やってみる」

――というのが、手っとり早い改善の「合い言葉」である。

試しに、とりあえず、やってみて、問題があれば、また改善すればいい。それでも、まだ問題があれば、さらに、もっと改善すればいい。

その「繰り返し」が「良い仕事」につながる。その「積み重ね」が「改善力の強化」となる。

ところが、「改善のヘタな人」は、最初から「完全・完璧なこと」をやろうとする。すると、身動きができなくなる。まさしく「最善は改善の敵」である。

将棋の名人なら、先が読める。だが、凡人は、やってみないと、わからない。しかし、それは、たとえ、凡人でも、「やってみれば、わかる」という意味でもある。

「改善＝小変」は、「待ったアリのヘボ将棋」である。やってみて、いくらでも、やり直しができる。

その「繰り返し」と「積み重ね」が「先を読む力＝先読み能力」や「改善実施力」につながる。

改善は軽快なフットワークを鍛える「日常的ＯＪＴ＝実地訓練」である。

改善活動の最大メリット

手っとり早く軽快な

フットワーク

大変なことはやり損なうと大変

ゆえに、致命的・重要事項は、

慎重に、計画的に取り組むべき

小変はやり損なっても大丈夫

小変はやり直しできる

とりあえずやってみる

試しにやってみる

やってダメなら、また改善

それでもダメなら、また改善

その「繰り返し」が「より良い仕事」となる

その「積み重ね」が「改善能力」となる

改善は軽快フットワークを鍛える

日常的OJT＝実地訓練

ズバリ解答⑨

カイゼンQ&A!

本当に「ムダ・不要」なのか、判断デキない・わからないことがある

「試しに、やめてみる」「とりあえず、やめてみる」

☆

「不要なこと・ムダなこと」などを「やめる」のが改善である。しかし、それが本当に、「不要か・ムダか」、わからないことがある。

あって、判断できないこともある。イロイロ意見がその場合、「2つの選択肢」がある。

①「判断放棄→惰性で続ける」
②「試しに、やめてみる」

☆

もちろん、「試しに、やめてみる」のが「改善的・対応」である。それが「惰性脱却・前例打破」という改善につながる。

＊「試しに、1回、やめてみる」
＊「試しに、1日、やめてみる」
＊「試しに、1カ月、やめてみる」
——ことによって、
◎「やめてみれば、わかる」
◎「やめてみなければ、わからない」
——ことが、わかってくる。

「惰性」からは何も得られない。だが、「試しの実験・とりあえず体験」から「新しい発想」や「改善の糸口」が見えてくる。

少なくとも、思考と判断を放棄して何も考えず、「惰性で続ける」よりも、
＊「何のためか」
＊「目的は何か」
——という問い掛けにつながる。

☆

もちろん、仕事には、
＊「絶対に、やめてはならない」
＊「安易に、やめてはならない」
——という「大変」や「中変」なこともある。

だが、「試しにやめてみる」ことが「可能」、あるいは「許される」ものも多々ある。

「とりあえずの中断」が、「致命的」でないものもある。まさに、それらが「改善＝小変＝小さな変更」の対象である。

試しにやめてみる

とりあえずやめてみる

不要・ムダ なことを **やめるのが改善**

だが、「不要か・ムダか」わからないことがある
イロイロな意見があり、判断デキナイこともある

その場合、２つの選択肢がある

判断放棄→惰性で続ける

試しにやめてみる

試しに、１回、やめてみる
試しに、１日、やめてみる
試しに、１ヵ月、やめてみる

すると

やめてみればわかる
やめてみなければわからない

―― ことが、わかる

少なくとも、何も考えず

惰性で続ける よりも

改善の糸口 が見えてくる

ズバリ解答⑩

カイゼンQ&A!

改善の指導・推進における「愚言・禁句」とは？

代表的な「愚言・禁句」は、次の3点。

①徹底・周知徹底
②意識改革・意識変革
③難解な用語&専門用語

☆

①「徹底」では徹底されない

改善のない職場では、やたらと、

「徹底しよう」
「周知徹底すべし」

——などの言葉が乱用されている。

だが、そのようなスローガンなど、いくら唱えても何も徹底されない。「徹底するには、どうすればいいか」と「具体的な仕事のやり方の変更」がなければ、いつまでも、同じことの繰り返し。

②「意識」より「やり方」の変更を

「意識改革」という念仏をいくら唱えても意識は変わらない。「意識」を変えるより、まず、「具体的な仕事のやり方」を変える。その結果、意識も変わる。

「意識」を変えてから、それから改善するのではなく、先に、実際に、具体的に「仕事のやり方」を変える。

その過程で意識も変わり、その結果、意識変革となる。「日常業務」を通じ少しずつ、ジワジワ意識を変えるのが、「改善的・意識改革」である。

③「難解用語」は「評論家の御用達」

「改善のない職場」では、とかく難しい言葉が使われている。なぜなら、みんな「社内・評論家」になっているからだ。

「難解な言葉」を使うと、なんとなく賢くなったような錯覚に陥る。だが「錯覚」では改善はできない。

「日常的な改善」が日常的に実施されている職場では、「日常的な言葉」が使われている。たとえば、

「作業性が悪い」→「やり難い」
「作業性の改善」→「やり易化」
「誤作動防止」→「間違えない化」
「情報共有化」→「誰でもわかる化」

改善の指導・推進における
愚言・禁句→対応

①徹底・周知徹底

→徹底する**には、**

具体的に**何**を**どう**するのか、どう**変**えるのか

②意識改革・意識変革

→**意識**などを変えるよりも、まず、先に、**具体的に、**

仕事のやり方を変える

その結果、その人の意識も変わる。意識を変えてから、それから「仕事のやり方」を変えるのではなく、実際に、具体的に「仕事のやり方」を変えることが意識を変えること。

業務直結→成果直結の「能力＆意欲の開発」

③難解な用語＆消化不良の外来語

→ **ひらがな化＆日常語化**

＊作業性が悪い→「やり難い」
＊作業性の改善→「やり易化」or「ラクちん化」
＊誤作動防止→「まちがえない化」
＊情報共有化→「誰でもわかる化」
＊視覚化・可視化→「見える化・見やす化」

あとがき

日本ＨＲ協会は国内外で「改善セミナ」を開催しているが、昔から、現在に至るまで、「業種別・職種別の改善セミナ」の要望がある。しかし、それには応えず、あくまでも「全業種・全職種に対応」を原則としている。

☆

もし、「業種別・職種別・改善セミナ」を開催した場合、あなたは、次の「どちら」に申し込むだろうか。

①「自分の仕事」と「同じ業種・職種のセミナ」
②「自分の仕事」と「異なる業種・職種のセミナ」

☆

ワザワザ②を選ぶのは、よほどの変人だ。普通の人なら、無料ならともかく、有料セミナでは「自分の仕事と同じ業種・職種のセミナ」を選ぶだろう。

だが、それは「魚の釣り方を学ぶ」のではなく、「魚・そのもの」を得るに等しい。「与えられた魚」を食べてしまったら、それでオシマイだ。

しかも、それは

＊「異業種・異職種から学ぶ」
＊「視野を拡大・発想転換」

——という改善の「最もおいしい部分」の放棄に他ならない。

そんな「モッタイない」を防止するため、改善セミナは、敢えて「全業種・全職種・対象」としている。そのため、受講者は、否応なしに「異業種・異職種から学ぶ」というエキスを摂取できる。

もちろん、「専門的な内容」なら、業種や職種が異なると、ほとんど理解できない。ゆえに、そのようなセミナは「自分の仕事に直結したもの」を受講すべきだ。

しかし、「仕事のやり方」の「ちょっとした工夫」という「改善＝小変」は、業種・職種を超えて、「改善の原理・原則」を理解できる。さらに、それらの共通点を見出すことで、「視野拡大・発想転換」にもつながる。

「魚＝スキル」と「魚の釣り方＝ノウハウ」の違いは、「ＨＯＷ＝方法だけ」か、それに「ＷＨＹ＝原理・原則の理解」が伴っているかである。

「原理・原則・考え方」を欠く「スキル＝方法」は、特定の状況や条件でしか、役に立たない。だが、「原理・原則を伴うノウハウ」なら、状況や条件の変化にも柔軟に対応できる。

また、「個別・固有のスキル＝ＨＯＷ」は、他者が与えることもできる。だが、「改善能力＝改善ノウハウ＝ＨＯＷ＋ＷＨＹ」は、自分で考えて、自分自身で開発すべきもの。

☆

「改善講座・３部シリーズ」は、この「上級講座」をもって、とりあえず完結。だが、「改善ノウハウに関するテキスト」は、これで終わりではない。

さらに、自分で「改善の原理・原則」を考え、理解→納得して、自分自身で「改善能力を開発する」という観点から、

①「手っとり早い改善・実施ノウハウ」
②「手っとり早い改善・指導ノウハウ」
③「手っとり早い改善・推進ノウハウ」

――などを予定している。

スキルは

教えられるが

ノウハウは

自分で習得し

さらに発展すべき

仕事に必要なスキルは
他者が教えることもできる。
だが、「スキルを習得した・だけ」では
まだ、「半人前」に過ぎない。

＊**なぜ**、そうなるのか
＊**ナゼ**、そうすべきか--
という原理・原則を理解し、状況変化に
対応できる応用力・改善力を習得して、
初めて、「一人前」と言える。

Howは**他者**が教えられるが、
Whyは**自分**のアタマで
考えなければ、**理解→納得**できない

テキスト

改善基礎講座 構成&内容

1 改善の「しくみ・しかけ・しそう」

①「実施→持続・継続→定着化→活性化」のために
②「しくみ・しかけ・しそう＝制度・運営・思想」
③各人に「３つのＨ」への働きかけ
④改善とは何か・改善の定義・意味・意義
⑤チャチなものほど良い改善
⑥改善＝目的へのショートカット（近道）

2 改善とは「手抜き」である

①不要からの手抜き（メリハリのある手抜き）
②忙しいから改善（忙しい人ほど改善）
③改善は小変なり（大変⟷中変⟷小変）
④変化対応・現実対応・制約対応
⑤「仕事」と「改善」の区別

3 改善の定石と方程式

①「改善の定石」を読み取る
②「改善の方程式」は単純・明快
③「化」をつければ「改善の定石」

4 改善力と改善発想ノウハウ

①「改善力」をつけるには
②「には・ナゼ・どうしたら」
③「手順」を変えて「ラクちん化」
④「逆転の発想」で打破・打開
⑤「改善の方程式」の活用

5 「見える化→わかる化」の改善

①「見える化→目立つ化」で「忘れない化」
②「裏」と「表」で「一目でわかる化」
③「一本の線」で「改善的・手抜き」
④「簡単な改善」から学ぶ

6 「〇〇活用」の改善の定石

①「〇〇活用」という「改善の定石」
②「機能活用」の改善
③「補助具活用」の改善
④「補助具活用」で「一人でデキる化」
⑤「サービス改善・制度活用」の改善

7 「アタリマエ」のことをするのが改善

①「アタリマエのこと」をアタリマエにすれば改善
②改善のＡＢＣ
③「変化」に追いつくのが改善
④「改善報告」は「告白書」である

8 改善Ｑ＆Ａ・一発解答

①改善ノウハウの「ひらがな化」とは？
②改善とは、何を、どうすることか？
③改善は、なぜ、全業種・全職種に展開できるのか？
④改善の「主・目的」は何か？　誰のための改善か？

テキスト

改善応用講座

構成&内容

1 改善のレベル３段階

①最善＝防止＝「ない化」
②次善＝難化＝「にく化」
③次々善＝緩和＝「ても化」＝「食い止め化」

2 具体的なレベルUPノウハウ

①連続改善（改善の積み重ね）
②複合改善（改善の組み合わせ）

3 「斜め化・改善」の事例と効用

①「たて」→「ヨコ」→「斜め化」
②「アレ・これ・ソレ」の３策発想

4 手っとり早い改善の顕在化

①「改善メモ」は100字以内・３分以内
②「毎月１件」→「仕事のやり方」の定期点検

5 改善の共有化で 変化への免疫力

①「問題点・だけ」でも書き出す
②「前例否定・事例集」の共有化

6 人を責めず、方法を攻める

①「真の原因」は「人間」か、「マズイ方法」か？
②「真の原因」を攻めるのが「改善的・対処法」

7 改善はモノマネ大歓迎

①マネて、パクって、ちょいと改善
②「他人の知恵活用」でラクラく改善

8 各社の改善的改善事例教材

9 改善Q&A→即決解答

DVD教材 改善基礎講座

改善活動のしくみ・しかけ・しそう①②③④

改善活動の**持続　継続→定着化→活性化**には

改善推進**担当者**自身が改善活動の

①しくみ：制度や規定など

②しかけ：働きかけ、推進・指導

③しそう：基本的な考え方

に関する明確な理解が不可欠です。
推進者自身の理解がなければ、社員への説得力がないからです。

改善に関する

必須事項を**具体的事例**でじっくり解説。たとえば、

★**改善**と**修繕**の**違い**（原因対策←→現象対策）

★**業務**と**改善**の**違い**（目的←→手段選択・方法変更）

★**QC**と**改善**の**違い**（小変←→中変）

——など1200のパワーポイント画面を高速展開。いやでも

実感→理解→納得できる改善基礎講座の決定版です。

①改善の**意義**：WHAT定義→WHY意味→HOW方法　**約30分**

②改善**事例と定石**：○○化・○○活用・使い分け　**約40分**

③改善の**指導・推進**：誤解反論への対応　**約40分**

④改善の**顕在化→共有化**：改善の基本的な考え方　**約30分**

DVD教材 改善応用講座 内容一覧

1時間目（約30分）
基礎編から応用編への概略説明

●改善基礎講座の復習／改善・基本発想12項目

① 改善は、小変
② とりあえず、やってみる
③ やってみて、さらに改善
④ 最善は、改善の敵
⑤ 改善は、手抜きである
⑥ 忙しい人ほど、改善が必要
⑦「くろう」より「くふう」
⑧ やめる・減らす・カエル
⑨ マネる・パクる・盗む
⑩ 改善のＡＢＣ
⑪ たかが改善、されど改善
⑫ 人を責めず、方法を攻める

●改善応用講座の概略説明

① 改善ノウハウの体系化
② 体系化→消化→改善指導力

2時間目（約30分）
改善指導ノウハウ

●改善の指導発想・12項目

① 自分を責めず、方法を攻める
② やって良ければ、さらに改善
③ 手間をかけず、カネをかけず、知恵を出す
④ 改善の方程式
⑤ 改善の定石
⑥ 改善の公式
⑦ ひらがな化
⑧「さがす」→「定置化」
⑨「いちいち、そのつど」→「あらかじめ」
⑩ 機能活用・制度活用（使いこなせば改善）
⑪ 他人活用（他人の知恵を拝借）
⑫ 分ければワカル、分ければデキル

3時間目（約50分）
改善推進ノウハウ・前半

●改善の推進発想・12項目-7

① 誤解を粉砕せよ
② ブレーキを解除せよ
③ チャチなものほど良い改善
④ ヘタな歌を歌え
　ヘタな代筆をしろ、ヘタな見本を示せ
⑤ 3分以内、100字以内で書き出せ
⑥ 問題点だけでも、ＯＫ
⑦「とりあえず」と「要するに」

4時間目（約40分）
改善推進ノウハウ・後半

●改善の推進発想・12項目-5

⑧ エイヤー審査方式
⑨ 改善的・改善事例集
　発想別・定石別の「事例教材」
⑩ 改善的・改善発表会
　ワン・ミニッツ発表会で事例の共有化
⑪ 修繕から改善へ
⑫ 改善のレベル・3段階
　①「ない化」 ②「にく化」 ③「ても化」

5時間目（約30分）
改善的思考・発想法

①「改善的とは」→「目的と手段」
②「愚問→愚答」→改善的な質問法
③「具体的な事例」で「実感→納得」
④ トヨタの改善との共通点・差異点
⑤「仕事と改善」の区別
⑥ とりあえず「参加率80%」を
⑦ 改善のイロイロな表記・表現法

著者紹介：

東 澤 文 二（とうざわぶんじ）

日本ＨＲ協会 KAIZEN 事業部 hr-touzawa@nifty.com

改善の専門誌「創意とくふう」誌を通じて、約 30 年間、
主要企業の「改善活動」および多数の「改善事例」を研究。
最も簡単で、最もわかり易く、最も効果的な「改善ノウハウ」に体系化。
その成果は、研修受講企業における「改善活性化の実績」で充分に実証済。

【著書】

「改善・基礎講座」「改善・応用講座」「改善・上級講座」（産業能率大学出版部）
「強い会社をつくる業務改善」、「業務改善の急所」（明日香出版）
「改善のやり方が面白いほど身につく本」（中経出版）「マンガ改善」（講談社文庫）
「仕事の改善ルール」「ビジネス改善の技法」「改善ＯＪＴハンドブックＪ（ＰＨＰ研究所）
「改善のはなし」「改善・提案３部作」手っとり早い改善ノウハウ３部作」
「こうすれば仕事の改善ができる３部作」「改善２面相のＱ＆Ａ－発解答」
「改善の指導は事例に始まる」「対訳テキスト：Quick and Easy Kaizen」（日刊工業新聞社）
「図解・仕事のカイゼン」（日本実業出版）「KAIZEN マネジメント」（共著・産業能率大学出版部）

【外国語版・テキスト】

「Quick and Easy KAIZEN」(英語共著・PCS Press)
「改善・提案」３部作シリーズ (英語・中国語・韓国語)
「こうすれば仕事のカイゼンができる」３部作シリーズ (中国語・タイ語)
「改善のはなし」（中国語）「手っとり早い業務改善の急所」（韓国語）

【ＤＶＤ＆ビデオ教材】

「改善・基礎講座」「改善・応用講座」
「事例研究編：製造業＆サービス販売業」（日本ＨＲ協会）
「業務改善セミナー・実況版」（日本経営合理化協会）
「小さなカイゼン・大きな効果」「改善２０面相の改善相談」（日刊工業新聞社）

「日本ＨＲ協会」では、改善活動の促進・推進のため下記を提供している
＊「全国改善提案実績調査レポート」（毎年、主要企業の実績データを集計・分析）
＊改善の専門誌「創意とくふう」編集・発行
＊改善の「テキスト」／「ポスター」／「カード」／「ＤＶＤ教材」などの制作
＊「公開・改善セミナー」／「改善発表会」／「改善研究会」など主要都市にて開催
＊「企業内・改善研修」／改善制度の導入・運営・研修に関する助言・指導・コンサルト

改善上級講座
しくみ・しかけ・しそう

〈検印廃止〉

著　者　東澤　文二
発行者　田中　秀章
発行所　産業能率大学出版部
東京都世田谷区等々力６―39―15　〒 158-8630
（電 話）03（6266）2400
（FAX）03（3211）1400
（振替口座）00100-2-112912

2013 年 10 月 30 日　初版１刷発行

印刷所／渡辺印刷・制本所／渡辺印刷

（落丁・乱丁はお取り替えいたします）
ISBN 978-4-382-05698-5